KB117022

특종 1987

특종
1987

박종철과
한국
민주화

신성호 지음

중앙books

민주주의 역사의 물줄기를 바꾼 '박종철' 특종

모든 기자는 역사와 만나 그 물줄기를 바꾸는 꿈을 꾼다. 평온한 일상을 포기하고 거친 일과를 이겨내는 힘이다. 기자 신성호는 극히 예외적인 축복을 누린 사람이다. 그는 은폐된 진실이 살짝 드러나는 그 짧은 순간을 놓치지 않았고, 독재 정권이 일그러뜨린 역사를 국민의 힘으로 되돌려 놓는데 중요한 역할을 했다.

  1987년 1월 15일자 중앙일보 사회면에 '경찰에서 조사받던 대학생 "쇼크사"' 제목의 2단짜리 기사가 나갔다. 전날 치안본부 남영동 대공분실에서 숨진 서울대생 박종철 군 고문치사 사건이 전두환 정권의 철통같은 보안을 뚫고 처음으로 세상에 알려진 순간이었다. 그날 오전 신성호의 두 시간 남짓한 동안의 집요한 취재로 햇빛을 본 '박종철 사건'은 6월 민주항쟁의 도화선이 됐고, 전두환 정권의 대국민 항복선언을 이끌어냈다. 올해로 30년을 맞은 '87년 체제'의 서막은 이렇게 시작된 것이다.

신성호는 이 책에서 이홍규 대검찰청 공안 4과장이 '딥 스로트 (deep throat)'였다고 적었다. 그는 "경찰, 큰일 났어"라는 말로 최초의 취재 단서를 제공했다. 이홍규는 "진실은 반드시 알려져야 한다고 생각했다"고 했다. 워터게이트 사건의 '딥 스로트'였던 마크 펠트 당시 FBI 부국장이 불이익을 각오하고 워싱턴포스트 밥 우드워드 기자에게 취재 단서를 제공한 장면을 상기시킨다.

살아있는 권력의 만행을 폭로한 살아 있는 기사는 반드시 대가를 치르게 된다. 신성호는 당시 이두석 사회부장, 금창태 편집국장대리가 협박과 압력에도 불구하고 진실을 알리기 위해 꿋꿋하게 버틴 과정도 이 책에서 밝히고 있다.

기자 신성호의 중앙일보 후배로서 그의 30년 기자 생활을 지켜보았다. 빈틈없는 취재력과 냉철한 판단력이 그의 재산이었다. 우리는 살아 있는 권력의 불의에 침묵하는 언론의 비겁함을 비난할 때 "지체된 정의는 정의가 아니다"라고 한다. 신성호는 서슬 퍼렇게 살아 있는 권력에 당당히 맞선, 정의로운 기자였다. 이 책은 신성호뿐만 아니라 사건의 은폐 축소 기도에 맞서 위험을 무릅쓰고 '박종철 사건'의 진실을 밝혀낸 모든 양심세력과 언론인들을 향한 뜨거운 헌사(獻辭)다.

중앙일보주필 이 하 경

1987년을 기억하며

민주주의(民主主義) : 국민이 권력을 가지고 그 권력을 스스로 행사하는 제도. 또는 그런 정치를 지향하는 사상. 기본적 인권, 자유권, 평등권, 다수결의 원리, 법치주의 따위를 그 기본 원리로 한다.

국어사전에 등재된 민주주의의 정의다. 이를 바탕으로 '과연 우리나라는 민주주의 국가인가?'라는 질문을 한다면 대다수의 사람이 '그렇다'라고 대답할 것이다. 정치권이 잘못한다면 국민은 투표라는 무기로 대통령이나 국회의원 등에 대해 자신의 의지를 전달할 수 있다. 정부나 대통령을 비판하는 행동, 자신의 정치적 견해를 밝히는 것, 대통령을 직접 내 손으로 뽑는 자유 등은 지금은 너무도 일반적인 행동이다. 특히 인터넷이 발달하면서 지면 보도가 없는 인터넷 신문도 많으며 SNS를 통해 자신의 정치적 견해를 남기는 사람도 많다.

이런 환경에서 1980년대를 이야기한다는 것은 매우 어려운 일이다. 방송을 통해 우리에게 전달되는 80년대는 올림픽, 이문세 등으로 인기를 끌기 시작한 대중가요, 〈영웅본색〉과 〈천녀유혼〉으로 대표되는 홍콩영화, 교복 자율화 등으로 대변된다. 그리고 최근 복고 열풍이 불면서 80년대는 추억팔이의 소품에 지나지 않고 있다. 80년대의 민주화운동도 화석처럼 자리를 잡고 있을 뿐이다.

"군대가 적이 아닌 국민을 향해 총을 겨누고, 경찰이 민주화를 외치는 학생들에게 최루탄을 쏴 죽게 만들고, 청년을 고문해 죽이던 시절이었지"라는 말도 이제는 '그때는 그랬지'라고 사진첩 속의 추억 정도로 회상될 뿐인 것이다.

'살인정권' '고문정권'으로 불리고 최루탄 없이는 지탱하기 어려웠던 전두환 정권. 1980년대를 겪지 못한 청년, 청소년들에게 군사독재와 광주민주화운동, 학생운동 탄압, 고문치사, 언론 통제 등에 대해 어떻게 설명해야 할까? 정녕 80년대의 민주화운동을, 그리고 민주화를 위해 피 흘리며 쓰러져 갔던 젊은 청년들의 이야기를 그냥저냥 흘러간 옛 이야기로만 남겨도 되는 것일까? 또 그 시대를 살았던 사람들이 지금의 아이들에게 그 당시의 이야기를 올곧게 들려주지 않아도 되는 것일까?

나는 이러한 생각 끝에 이 책을 쓰기로 했다. 1980년대는 그냥 추억팔이로만 넘기기에는 너무도 아프고 슬픈 역사다. 하지만 그런 아픔과 슬픔 속에서도 1987년 마침내 민주화의 꽃은 피어났다. 나는 억압과 슬픔을 딛고 민주화를 이뤄낸 그 뜨거웠던 1987년을 이야기하려한다. 6월 항쟁 이야기는 이미 여러 책과 논문 등에서 다뤄졌다. 나는 당시 중앙일보 사회부의 법조 출입 기자로 1987년 1월 박종철 고문치사 사건을 특종으로 세상에 처음 알렸다. 이 책을 통해 박종철 사건과 6월 항쟁 과정에서 언론과 기자들이 어떤 역할을 했고, 민주화는 어떤 과정을 거쳐 이뤄졌는지를 당시 취재기자의 시각으로 소개하려 한다.

1987년을 열었던 가슴 아픈 이야기

1987년을 빼놓고는 한국 현대사를 이야기할 수 없다. 민주화의 한 획을 그은 6월 항쟁이 있었던 해이기 때문이다. 그리고 같은 해 1월 14일 일어난 박종철 고문치사 사건도 한국 민주화 과정과 밀접하게 연결돼 있다. 박종철 고문치사 사건이 '6월 항쟁'의 도화선이 됐기 때문이다. 이 사건은 전두환 정권의 도덕성에 치명타를 가했고, 범국민적인 민주화운동으로 이어졌다. 결국 전두환 정권이 국민에게 무릎을 꿇은 항복문서라 할 수 있는 6·29선언을 끌어냄으로써 당시 국민적 염원이던 대통령 직선제 개헌을 이뤄냈다.

우리는 1987년을 이야기하기에 앞서 박종철이라는 청년을 만나야 한다.

1965년 4월 1일 부산시 서구 아미동에서 출생

1984년 서울대학교 인문대학 언어학과 입학

1986년 4월 1일 노학연대 투쟁 중 구속

1986년 7월 15일 징역 10월(집행유예 2년) 선고 받고 출소

1987년 1월 14일 새벽 치안본부 대공분실 수사관에게 연행

1987년 1월 14일 오전 물고문 과정에서 사망

　전두환 정권의 임기 말 한 해를 열었던 사건은 22세 대학생의 죽음이었다. 1월 14일 새벽 연행되었던 박종철 군은 이날 오전 경찰의 물고문 및 가혹행위로 숨졌다. 경찰은 초기 이 사건을 철저히 숨기려고 했다. 하지만 그의 억울한 죽음은 언론 보도로 사람들에게 알려졌다.

　당시 언론을 통제하던 전두환 정권은 박종철 사건 초기 언론사에 보도지침을 내려 기사의 크기를 제한했다. 이후 정부 기관의 담당자들이 언론사를 수시로 출입하면서 이 사건에 대한 '협조'를 구했다. 때로는 언론인에 대한 연행 조사 위협, 보도 책임자와 경영진에 대한 압박 등의 방식으로 언론을 통제하기도 했다. 하지만 언론들은 정부의 압력에도 불구하고 연일 박종철 고문치사 사건에 대한 기사를 경쟁적으로 쏟아냈다.

　신문들은 이 사건 초기에 고문치사, 2월 7일 추도회, 인권, 진상규명 문제 등을 집중 보도하다가 1987년 5월 고문에 가담한 경찰관 수를 축소·은폐한 사실이 폭로되자 이 문제와 함께 6·10대회를 주요

박종철 고문치사 사건이 발생한 서울 남영동 대공분실 509호.
현재 박종철 추모 공간으로 조성돼 있다.

이슈로 삼았다. 이로 인해 국민 사이에서 고문 규탄, 인권, 민주화, 개헌 등의 목소리가 점점 높아졌다. 이러한 목소리는 마침내 한국 현대사의 한 획을 그은 6월 항쟁으로 이어졌다.

1987년 6월 민주화의 꽃을 피우다

1987년 대한민국의 초여름은 뜨거웠다. 그해 1월 박종철 고문치사 사건으로 전두환 정권에 대한 시민들의 불만이 커졌고, 이는 2월 7일 추도회, 3월 3일 49재 등으로 이어지며 전국적인 민주화운동의 동력이 됐다. 5월 18일 천주교정의구현전국사제단이 발표한 '박종철 군 고문치사 사건의 진상이 조작되었다'는 성명은 전두환 정권의 부도덕성에 대한 국민의 공분을 불러일으켰다. 또한 '박종철 고문살인 은폐조작 규탄 및 호헌철폐 범국민대회' 하루 전날인 6월 9일 경찰이 쏜 최루탄에 머리를 맞고 피를 흘리는 연세대생 이한열 군의 신문 보도 사진은 분노한 시민들을 거리로 불러냈다.

6월 10일 범국민대회는 전국 22개 도시에서 32만 명이 참여한 가운데 열렸다. 서울에서는 을지로와 명동을 중심으로 학생들의 시위가 벌어졌으며, 밤까지 계속된 시위대와 경찰의 대치 속에 수세에 몰린 학생과 시민들은 이후 명동성당으로 들어가 철야 농성에 들어갔다. 6월 항쟁의 분수령이 된 명동성당 농성은 6월 15일까지 이어졌다.

명동성당 농성 기간 동안 넥타이 부대와 인근 고등학생 등이 시위대를 응원했고 인근 주민들은 음식물을 가져다주기도 했다. 명동성당 농성 이후 6월 18일 '최루탄 추방대회', 6월 26일 '민주헌법 쟁취를 위한 국민평화대행진' 등으로 이어진 시위에는 시민들의 참여가 늘어났다. 시위가 벌어지는 곳에서는 건물 밖으로 고개를 내밀고 시위대에 박수를 보냈으며, 일부 직장인들은 넥타이 차림으로 시위에 가담하기도 했다. 시민들의 이러한 자발적 시위 참여는 그동안 강경 대응으로 민주화운동을 탄압하던 전두환 정권에게 치명타로 작용했다.

당시 전두환 정권은 계엄령이나 비상조치를 통해 군대 투입을 계획하고 있었다. 이는 6월 19일 이한기 국무총리서리의 담화를 통해서도 알 수 있다.

"정부는 지난 6월 10일 이후 시위 학생과 일부 시민의 사회 교란 행위에 대해 최대한의 인내와 자제로 사태의 확산을 막는 데 최선의 노력을 기울여 왔습니다. 그럼에도 불구하고 끝내 우리 모두가 바라는 법과 질서의 회복이 불가능해지면 정부로서는 불가피하게 비상한 각오를 할 수밖에 없을 것입니다."

그럼에도 시위는 수그러들 기미를 보이지 않았다. 6월 10일 32만 명이던 시위대는 6월 26일 전국적으로 130여만 명에 이를 정도로 불어났다. 날로 뜨거워진 시민들의 민주화 열망에 결국 전두환 정권은 6·29선언을 발표하기에 이르렀다. 6·29선언에 따라 12·12와 5·17 쿠데타로 탄생한 5공 신군부 정권은 사실상 막을 내리게 됐다.

이렇듯 1987년 한국의 민주화는 박종철로 시작해 이한열을 거치면서 정권의 비민주성과 폭력성에 분노한 국민이 힘을 모아 함께 이루어 낸 소중한 결과물이라고 할 수 있다.

'박종철'이라는 이름

우리에게 박종철이란 이름은 그렇게 생소하지 않다. 인터넷에서 박종철을 검색하면 수많은 포스트와 웹사이트, 사전 등에서 그의 행적을 보여준다. 그리고 6월 항쟁, 고문치사 등의 연관 검색어가 뜬다.

하지만 30년이란 시간이 사람들의 기억에서 서서히 박종철이란 이름을 지우기 시작했다. 민주화 시대를 살고 있는 현재 대학생들은 자신이 태어나기도 전에 공권력에 의해 억울하게 죽임을 당한 한 청년의 이름조차 모르는 예가 많다.

6·29선언 28주년인 2015년 〈중앙SUNDAY〉와의 인터뷰에서 '박종철 사건이 민주화 과정에서 미친 영향'에 대한 질문을 받았다. 이 물음에 나는 다음과 같이 대답했다.

"박종철 사건 보도가 없었다면 이 사건은 5공 시절의 의문사 가운데 하나로 남았을지도 모른다. 역사의 흐름으로 보면 민주화는 결국 이루어졌을 것이다. 하지만 박종철 사건이 한국의 민주화를 최소한 몇 년은 앞당겼다고 본다."

만약 1987년 노태우 민정당 대표가 종전의 간선제로 대통령에 당선됐더라도 시대적 흐름, 커져가는 시민의식 등으로 민주화는 필연적으로 이뤄졌을 것이다.

　6월 항쟁은 민주화라는 결과물만이 아니라 그것을 이뤄 낸 과정에서 시민들이 하나가 됐다는 데도 그 의의가 있다. 즉 정치권이 주도한 위로부터의 민주화가 아니라 시민 중심의 아래로부터의 민주화라는 점에서 그 의미가 크다고 할 수 있겠다. 따라서 박종철이라는 이름은 이러한 시민 중심 민주화운동의 시작점이었던 것이다.

　나에게 박종철이란 민주화를 이끈 이름이기도 하지만 다시는 일어나선 안 될 슬픈 역사의 거울이기도 하다.

　올해로 30년. 나는 1987년 1월 15일 한 청년의 억울한 죽음을 처음 알게 되었던 그 시절로 돌아가 이제는 잊혀져가는 이름, 박종철에 대해 이야기하려 한다.

2017년 1월

신성호

차례

1장

박종철 사건 보도,
그 숨 가빴던
24시간의 기록

1987년, 당시 중앙일보 사회부 기자였던 나의 하루는 서울지검과 대검찰청의 주요 부서를 도는 것으로 시작됐다. 이른바 '마와리'로 1982년 9월 법원과 검찰청 출입기자로 이동한 후 늘 하던 일과였다. 대검찰청과 서울지방검찰청이 서울 서소문의 한 건물에 있던 시절이어서 1층부터 6층까지는 서울지검이, 7층부터는 대검찰청이 사용했다.

나의 첫 '마와리'는 오전 7시 30분을 전후해 검찰청사 15층 조사실에 들르는 것이었다. 그곳에는 대검 중앙수사부와 서울지검 특수부 등에서 야간 수사 때 사용하는 여러 개의 조사실이 있었다. 15층으로 통하는 14층 계단 입구에는 철문이 있었고, 그 철문은 굳게 닫혀 있는 경우가 많았다. 그럼에도 이른 아침 그곳을 찾아간 것은 취재의 단초를 찾기 위해서였다. 닫혀 있는 철문에 귀를 바짝 대면 조사실에서 간간이 흘러나오는 사람 목소리나 타자기 소리를 들을 수 있었던 것이다. 이후 12층 대검 중앙수사부 2~4과를 거쳐 5층 서울지검 특수부와 공안부를 돌면 검찰청에서의 아침 '마와리'가 끝났다.

오전 8시 20분을 전후해서는 법원 '마와리'를 시작했다. 법원 1층 당직실에서 전날 밤 발부되거나 기각된 구속영장 가운데 보도 가치가 있는 내용이 있는지를 확인하려는 것이었다. 이어 오전 9시 무렵부터는 서울형사지방법원 수석부장판사실에 들러 구속영장 접수대장에 올리지 않고 발부한 비밀 영장이 있는지 알아본 뒤 다시 대검찰청과 서울지검 간부들, 수사 검사실을 찾았다.

인터넷이 없던 시절에는 사람의 얼굴을 자주, 많이 보는 것이 중요했다. 사람을 얼마나 많이 만나느냐에 따라 그날의 기삿거리를 얻을 수 있는 확률이 높아지기 때문이다.

1987년 1월 15일 오전. 그날도 나는 괜찮은 기삿거리를 찾기 위해 서울형사지방법원을 거쳐 대검찰청으로 이어지는 '마와리'를 돌고 있었다.

09:50　　　　　　　　　　　　　　　**무심코 던진 말, "경찰, 큰일 났어"**

대검찰청 이홍규 공안 4과장 사무실에 들어섰다. 그는 선 채로 책상 위에 놓인 서류를 보고 있었다. 평소 친분이 있던 그는 방에 들어서는 나를 보며 자리를 권했다. 그리고 자신도 소파에 앉으며 무심한 듯 말을 내뱉었다.

"경찰, 큰일 났어."

6년째 법조를 출입하고 있던 나는 이홍규 과장의 말에서 심상치 않은 일이 벌어졌음을 직감했다. 그러나 어설프게 덤벼들었다가는 일을 그르칠 수도 있을 것이란 생각이 들었다. 검찰 간부들은 비교적 보안 의식이 철저하기 때문에 그들이 쉽게 말할 수 있도록 분위기를 유도하는 것이 중요했다. 그래서 나는 이미 알고 있는 사건이라는 듯이 맞장구를 쳤다.

"그러게 말입니다. 요즘 경찰들 너무 기세등등했어요."

"그 친구 대학생이라지. 서울대생이라며?"

그의 말은 청천벽력과도 같았다. 이건 서울대생이 경찰에서 조사를 받다가 사고를 당했다는 말이 아닌가. 그렇다면 이는 엄청난 특종이다. 생각이 여기에 미치자 내 가슴이 쿵쾅거리기 시작했다. 뛰는 가슴을 애써 진정시키며 최대한 차분하게 그의 질문에 답을 했다.

"아침에 경찰 출입하는 후배 기자에게서 그렇다고 들었습니다."

"조사를 어떻게 했기에 사람이 죽는 거야. 더구나 남영동에서….'

충격적인 그의 말에서 사건의 윤곽을 잡을 수 있었다. 남영동은 당시 치안본부 대공수사단이 있었던 곳이다. 즉, 치안본부에서 경찰 조사를 받던 서울대 학생이 사망한 것이다. 내가 이홍규 과장에게서 얻은 정보는 여기까지였다. 숨진 학생의 이름과 학과, 학년 등 인적사항

1987년 당시 서울지검과 대검찰청 모습. 이때는 서울지검과 대검찰청이 서소문의
한 건물에서 1층부터 6층까지는 서울지검이, 7층부터는 대검찰청이 사용했다.

은 확인하지 못했다. 하지만 그의 사무실에 더 앉아 있을 수 없었다.

10:10　　　　　　　　　　　　　　　　　**사회부에 1차 보고**

나는 서둘러 그 사무실을 나왔다. 그리고 화장실로 달려갔다. 화장실 문을 잠그고 방금 들은 몇 가지 사실들을 취재수첩에 적었다. 그리고 검찰청 내 조용한 방으로 가 전화로 사회부 데스크에 보고를 했다.

"남영동(치안본부 대공수사단)에서 조사받던 서울대생이 사망했다고 합니다. 아직 다른 언론사 기자들은 모르고 있어요."

내 전화에 사회부가 발칵 뒤집혔다. 내가 던진 팩트는 '남영동에서 조사, 서울대생, 사망'밖에 없었다. 이 보고만으로도 이두석 사회부장은 범상치 않은 사건이 벌어졌음을 직감했다. 그리고 치안본부와 서울대 등을 출입하는 사회부 기자들에게 추가 취재 지시를 내렸다. 단, 다른 언론사 기자들이 눈치채지 못하도록 은밀하게 취재를 진행하라는 말과 함께.

10:30　　　　**새로운 정황 포착, '고문 가능성, 쇼크사로 검찰에 보고'**

회사에 보고한 후 나는 추가 취재에 들어갔다. '남영동에서 조사,

서울대생, 사망'만으로는 정황만 파악할 수 있을 뿐 아직 정확한 내용을 알 수 없었다. 이제부터 사실들을 확인해 퍼즐 맞추기를 해야 했다.

먼저 대검 중앙수사부 1과장 이진강 부장검사를 추가 취재했다. 당시 중앙수사부 1과장은 전국 검찰청에서 올라오는 각종 범죄 정보를 중앙수사부장과 대검차장, 검찰총장에게 보고하는 자리였다. 보통 학원·노동·선거 관련 등 공안사건은 대검 공안1과장에게 보고되지만 중대한 사건의 경우에는 중앙수사부 1과장에게도 보고된다.

나는 사무실에 있던 이진강 부장검사에게 질문을 던졌다. 이미 사건 정황을 알고 있었기에 의중을 떠보는 것으로 그치지 않고 확답을 받아내야 했다. 확답을 이끌어내기 위한 질문은 강하고, 간결하며, 이미 내가 모든 것을 알고 있다는 뉘앙스여야 한다.

"조사받던 대학생이 왜 갑자기 죽었습니까?"

내 공격적인 질문에 그는 놀란 표정으로 "어떻게 알았어?"라고 되물었다. 그 반응으로 그런 사건이 있었음을 거듭 확인할 수 있었다. 나는 더 많은 정보를 얻기 위해 모험을 해야 했다. 그가 생각하는 것보다 강한 질문, 하지만 자칫 잘못하면 취재 자체가 무산될 수 있는 질문을 던졌다.

"조사 과정에서 고문한 것 아닙니까?"

만약 고문이 없었거나, 검찰에서 이 사건을 막으려 했다면 내 취재는 더 이상 진행되지 못한다. 하지만 답이 왔다.

"가능성은 있지만 아직 단언할 수는 없어. 쇼크사라고 보고해 왔으니 조사를 해 봐야지….”

그의 말을 통해 ‘고문 가능성’ ‘쇼크사로 보고’ 등 몇 가지 새로운 사실이 드러났다.

직설적인 질문이 성공한 것이다.

10:40 　　　　　　　　　　　　　　　　　　**서서히 드러난 사건의 진상**

이진강 부장검사에게 들은 ‘쇼크사’라는 말은 사건에 더욱 강한 의문을 품게 만들었다.

‘쇼크사? 20대의 젊은 대학생이?’

이런 의문을 품고 피해자 인적사항 등 보다 자세한 내용을 파악하기 위해 서울지방검찰청 쪽으로 취재 방향을 바꾸었다.

나는 서울지검에서 공안사건에 관해 보고를 받는 최명부 1차장검사실 문을 두드렸다. 그에게 숨진 대학생의 사망 원인과 관련한 질문들을 던졌다.

“노인도 아닌 젊은 청년이 쇼크사 한다는 게 도대체 말이 됩니까?”

“고문 여부에 대해 검찰이 당장 수사에 나서야 하는 것 아닙니까?”

사태의 심각성을 예상한 듯 그의 표정은 굳어 있었고 대답은 매우 조심스러웠다. 최 차장검사는 “기사를 조금이라도 잘못 쓰면 그 책임을 면하기 어려울 것”이라는 충고성 경고도 빼놓지 않았다.

나는 대검과 서울지검을 오르내리며 퍼즐 맞추기 식의 추적 취재를 계속했다. 이를 통해 사건 발생 및 연행 시각, 혐의 내용 등을 하나씩 확인할 수 있었다.

하지만 숨진 대학생의 인적사항은 여전히 파악하지 못한 상태였다.

11:30   **인적사항 확인**

취재를 위해 대검과 서울지검을 오르내리던 사이 시간은 이미 석간 1판의 마감시간인 오전 11시를 넘어가고 있었다. 이두석 사회부장이 호출기(삐삐)로 나를 찾아 검찰에서 사망자의 인적사항을 파악하라고 주문했다. 경찰의 철통 보안으로 다른 곳에서는 해당 사건의 내용을 파악할 수 없었던 것이다.

기자가 사건을 파악하고 있다고 해도 피해자의 인적사항이 없다면 기사화할 수 없다. 내 마음은 더욱 급해졌다. 오전 11시 30분, 서울지검 공안부 학원 담당 김재기 검사실로 달려갔다. 급하게 출입문을 열고 김 검사와 눈이 마주치자마자 곧바로 질문을 던졌다.

"경찰 조사받다가 숨진 서울대생 이름이 뭐지요?"

"박종 뭐더라…."

"학과는요?"

"언어학과 3학년."

곧바로 검사실을 뛰쳐나와 기자들의 출입이 뜸한 검찰청 한 사무실을 찾았다. 그리고 회사에 전화를 걸어 숨진 대학생의 인적사항을 보고했다.

"서울대 언어학과 3학년 '박종○'."

사회부 데스크는 곧바로 서울대를 출입하는 김두우 기자에게 '언어학과 학적부를 확인하라'고 지시했다.

11:35   **전화로 기사 송고**

보고를 마친 나는 전화로 기사를 송고하기 시작했다. 기사는 다년간 법조를 출입한 경험이 있는 사회부 권일 기자가 원고지에 옮겼다.

"14일 연행되어 치안본부에서 조사를 받아오던 공안사건 관련 피의자 박종○ 군(22·서울대 언어학과 3년)이 이날 하오 경찰 조사를 받던 중 숨졌다. 경찰은 박 군의 사인을 쇼크사라고 검찰에 보고했다. 그러나 검찰은 박 군이 수사기관의 가혹행위로 인해 숨졌을 가능성에 대해 수사 중이다. …"

기사 송고를 마치자 이두석 사회부장이 곧바로 전화기를 낚아채 내게 확인했다.

"자신 있어? 이런 사건을 사실과 다르게 보도했다간 나와 너는 물론 국장·사장까지 줄줄이 남산에 불려간다."

민감하고도 충격적인 사건이기에 사실관계 등에서 사소한 잘못이라도 있으면 당시 남산에 있던 국가안전기획부(안기부)에 불려가 취재원과 보도 경위, 보도 의도 등에 대해 조사받을 수 있다는 말이었다. 나는 자신 있게 대답했다.

"확인했습니다."

12:00   **'검찰-서울대-부산'에 걸친 3중 취재**

서울대에서는 사회부 김두우 기자가 언어학과 3학년생 가운데 '박종○' 이름의 학생은 '박종철'이며, 그의 집 주소가 부산시 청학동 341의 31이라는 사실을 확인했다. 또 김 기자는 박 군이 자신의 죽음을 예견이라도 한 듯 숨지기 전날 학과 사무실에 들러 주소록에 집 전화번호 등을 적어놓았다는 사실도 알아냈다.

회사 데스크는 곧바로 부산에 주재하던 허상천 기자에게 박 군의 가족들을 취재하라는 지시를 내렸다. 허 기자는 박 군의 누나를 통해 부모가 아들의 사망 소식을 듣고 상경한 사실을 확인했다. 사소한 잘못도 허용될 수 없는 중대한 사안이기에 '검찰-서울대-부산'으로 이어진 2중, 3중의 확인 취재를 펼쳤던 것이다. 이렇게 3단계의 확인을 통해 비로소 기사가 완성되었다.

기사의 송고를 마친 시간은 낮 12시가 조금 지났을 무렵. 이미 중앙일보의 윤전기는 돌아가고 있었다. 금창태 편집국장대리가 즉시 윤전기를 세웠다. 그리고 대기하고 있던 편집자가 박 군 기사를 사회면에 배치했다. 9시 50분부터 2시간 남짓에 걸쳐 완성된 기사였다.

"학교 측은 박 군이 3, 4일 전 학과 연구실에 잠시 들렀다가 나간 후 소식이 끊겼다고 밝혔다. 한편 부산시 청학동 341의 31 박 군 집에는 박 군의 사망소식을 14일 부산시경으로부터 통고받은 아버지 박 정기 씨(57·청학양수장 고용원) 등 가족들이 모두 상경하고 비어 있었다. 박 군의 누나 박은숙 씨(24)는 지난해 여름방학 때부터 박 군이 운동권에 가담하고 있다는 사실을 어렴풋이 알고 있었을 뿐 최근 무슨 사건으로 언제 경찰에 연행됐는지는 모른다고 말했다. 박 군은 토성국교·영남중·혜광고교를 거쳤으며 아버지의 월수입은 20만 원으로 가정 형편이 어려운 편이다."

그리고 윤전기는 다시 고속으로 돌기 시작했다.

당시 석간은 1.5판이 있었다. 점심때부터 낮 시간대에 길거리에서 파는 가판 신문(1판)을 인쇄하다가 새 기사를 추가해 돌판으로 제작한 신문을 가리킨다. 중앙일보 1.5판부터 박종철 사망 사건의 기사가 실렸다. 즉, 중앙일보의 일부 가판 신문은 물론 독자 수가 가장 많은 지역인 서울과 수도권의 가정 배달 신문(2판)에는 박 군의 사망 기사가 실린 것이다.

'경찰에서 조사받던 대학생 "쇼크사"'라는 사회면(7면) 시사만화 옆의 작은 2단 기사. 하지만 사회면 2단 기사는 큰 파장을 일으켰다.

그렇게 주사위는 던져졌다.

오후 5시를 전후해 기사에 대한 반응이 나타나기 시작했다. AP와 AFP 등 통신사들이 서울발 긴급기사로 중앙일보를 인용해 박 군의 죽음을 전 세계로 타전한 것이다. 당시 서울에 주재하던 외신 기자들은 사무실에 배달된 중앙일보를 접하고 즉각 검찰과 경찰 등을 상대로 박 군 사건의 확인에 나섰다. 하지만 어느 누구도 이를 확인해주지 않자 중앙일보를 인용 보도했다고 한다.

테러등 대비 兵力2倍 늘려

警察에서 조사받던
大學生 "쇼크死"

사소통을 위해 편성된 「對테러부대·폭동진압·특별경호대」등 사복특수 임무를 맡는다.

◇올림픽기획단=현재 올림픽 관련업무를 전담기구가 없는 점과 해경병력을 통합지휘토록 한다. 이에따라 釜山에 경찰승격청을 발령했다.

釜山올림픽기획단장은 경무관급이시켜 釜山市에…

법령·처리반·특별경호대등 지휘체계를 일원화하고 지휘부를 수행토록 江原·忠北·全北·慶南·濟州등 6개 시·도경찰국에도 본부로 치안부로 관련 피의자 朴鍾哲군(21·서울大언어학과 3년)이 이날 학교측은 朴군이 3~4시 전학과 연구실에 잠시 들

한편 釜山市青鶴洞341의 31 朴군의 집에는 朴군의 사망소식을 14일 釜山시경으로부터 통보받은 아버지 朴正基씨(57·청학양수장고용원)와 이날 형에게 포설됐던 李犧基씨(26·신흥정밀회원)와 朴秀我양(26·전통전산업여공)등 3명을 즉각에 넘겼다.

구속자는 다음과 같다.
▲金相元(25·여·成大철학과)▲張光洙(27·成大사업3적)▲黎基흥(25·成大소속)▲金星煥(25·成

知識化신문
運動圈출신 7名拘束
京畿道경은 15일 민중혁명 완성을 목표로 「전국적정치신국발간준비위원회」를 결성한 金相元(29·학생운동권출신)·姜錫南 제울大 농업교육 3 원예(과졸)·姜錫南

南中·惠光고교를 거쳤으며 아버지의 월수입 20만원으로 가정형편이 어려운 형편이다.

1987년 1월 15일, 중앙일보 7면에 첫 보도된 박종철 고문치사 사건.

또한 중앙일보 사회면에 실린 이 2단짜리 기사로 국내 모든 언론사가 놀라고 관련 출입처 기자들에겐 비상이 걸렸다. 기자들은 곧바로 확인 취재에 들어갔다. 검찰과 경찰 관계자들은 이날 오후 늦게까지 "아는 바 없다"며 모르쇠로 일관했다. 그러다 저녁이 돼서야 강민창 치안본부장이 해당 사건에 대해 공식 발표했다.

"밤 사이 술을 많이 마셔 갈증이 난다며 물을 여러 컵 마신 뒤 심문 시작 30분 만에 수사관이 책상을 '탁' 치며 추궁하자 갑자기 '억' 하고 쓰러졌다."

이 발표는 '탁 치니 억'이라는 유행어가 생길 만큼 어처구니없는 것으로, 박 군의 죽음에 대한 의혹을 오히려 증폭시키는 역할을 했다.

23:00	하루 동안의 잠적

강민창 치안본부장의 발표 이후 정보기관 등에서 나를 비롯해 신문 제작 책임자들을 불러 조사할지 모른다는 우려의 말이 나왔다. 실제로 박종철 사건과 관련해 정부 인사들이 언론사에 압력을 가했다. 당시 중앙일보의 금창태 편집국장대리는 "첫 보도 직후인 1987년 1월 15일 오후 문공부 홍보조정실 담당자가 전화를 걸어 기사를 빼

라고 했다"며 "비록 2단이지만 사실 이게 톱기사인데 어떻게 빼느냐고 단호하게 버텼다. 그랬더니 그쪽에서 욕설을 퍼붓더라"고 밝혔다. 1월 15일 오후 강민창 치안본부장은 중앙일보 이두석 사회부장에게 전화를 걸어 '고문치사'가 아니라 '변사'라고 강변하면서 '오보'에 책임지라고 압박하기도 했다.

당시 정부의 강력한 언론 통제 수단 중 하나가 편집 책임자나 취재 기자에 대한 연행 조사였다. 보도 또는 논조가 마음에 들지 않으면 안기부나 보안사에서 담당 기자와 데스크, 편집 책임자를 임의로 연행해 조사했다. 박종철 사건 첫 보도 과정에서 중앙일보 이두석 사회부장이 내게 이런 사건을 사실과 다르게 보도했다간 자신과 나뿐 아니라 국장·사장까지 줄줄이 남산에 불려간다고 말했던 것도 이 때문이다.

나는 박종철 사건을 첫 보도한 1987년 1월 15일 밤 집에 들어가지 못했다. 정보기관의 연행 조사를 우려한 사회부 선배들이 귀가를 막았기 때문이다. 결국 16일 오전까지 잠적해 있다가 이날 오후 '조사는 없을 것 같다'는 선배의 연락을 받고서야 회사로 들어갈 수 있었다.

그날 이후 30년이라는 시간이 흘렀다. 지금도 나는 가끔 생각한다. 만약 그날 '마와리'를 제대로 돌지 않았다면 어땠을까? 또 이홍규 공안 4과장과 평소 친분을 쌓아두지 않았다면 그가 내게 그 한마디를 던졌을까? 또한 그가 던진 말을 내가 그냥 흘려보냈다면 그 사건은 어떻게 전개됐을까?

이미 30년이라는 시간이 흘렀지만 지금도 그 시절, 그 시간, 그 장소들이 생생히 떠오른다. "경찰, 큰일 났어"라는 말을 들었을 때의 떨림, 두근거리는 마음으로 대검찰청과 서울지방검찰청을 뛰어다니며 취재했던 2시간 남짓의 과정들, 그리고 박종철 사건을 처음으로 세상에 알렸던 신문이 기자실에 배달되었을 때의 느낌.

당시 나는 내심 큰 특종을 했다고 생각했고, 1면은 아니어도 최소한 사회면 중간톱 정도는 될 것이라 기대했다. 하지만 기사는 사회면 2단으로 실렸다. 무심코 지나칠 수 있는 그런 곳에 실린 것이다. 이런 내 마음을 알았는지 어느 선배는 "미국의 닉슨 대통령을 물러나게 한 워터게이트 사건도 1단짜리 보도에서 비롯됐어. 박종철 사건도 역사적인 특종이 될 거야"라며 나를 위로했다.

하지만 돌이켜 보면 중요한 것은 기사의 위치가 아니다. '박종철이라는 젊은 학생이 죽임을 당했다'는 사실이 드러났다는 자체다. 진실된 기사는 위치에 상관없이 누군가의 눈에 띄어 회자된다. 나아가 사람들의 마음을 움직여 세상을 바꾸는 기폭제가 되기도 한다.

중앙일보의 첫 보도 후 정부의 압력에도 불구하고 언론들은 박종철 사건의 진상을 기사화하기 시작했다. 이렇게 박 군 사건의 전모가 사람들에게 알려졌으며, 그의 억울한 죽음은 1987년 민주화운동의 도화선이 됐다. 그의 죽음을 처음 알린 사회면 2단짜리 기사가 한국 민주화의 도화선이 된 것이다.

2장

한 젊은이의 죽음,
진실이 밝혀지기까지

박종철. 1987년 1월 14일 고문치사로 죽음을 맞은 한 젊은이의 이름. 그 이름 하나로 전두환 정권의 독재를 규탄하는 민주화에 대한 열망이 범국민적으로 퍼졌으며, 이는 1987년 6월 민주항쟁으로 확산됐다. 또한 당시 전두환 정권의 대국민 항복 문서라 할 수 있는 6·29선언을 이끌어냈다.

한 젊은이의 안타까운 죽음과 그 죽음을 은폐·축소하려 했던 정부, 그럼에도 불구하고 진실을 알린 언론. 자칫 전두환 정권 시절의 의문사로 묻힐 수 있었던 사건의 진실이 어떻게 밝혀지고, 어떻게 범국민적 민주화운동으로 확산되었으며, 끝내 민주화를 이뤄낼 수 있었을까?

이 장에서 언론 등을 통해 보도된 내용을 기반으로 박종철 고문치사 사건에 대한 1년의 기록을 정리했다.

박종철 고문치사 사건, 급박했던 10일의 기록

1월 14일 치안본부 대공수사단에서 조사받던 박종철 군이 경찰의 가혹행위로 사망했다. 이 사건은 1월 15일 중앙일보 보도로 세상에 처음 알려졌고, 이후 언론의 지속적인 보도를 통해 진실이 드러나면서 분노 여론이 들끓었다. 사건 초기 진실을 은폐하려던 전두환 정권은 들끓는 여론에 어쩔 수 없이 고문치사를 인정했다. 여론을 잠재우기 위해 경관 2명을 구속하고, 내각 개편을 단행했다.

박종철 군이 숨진 1월 14일부터 고문 경관 2명이 기소된 24일까지 걸린 시간은 단 10일. 이 짧은 기간 정부는 언론을 통제하고 사건을 은폐하려 하는 등 파장을 최소화하기에 급급했다. 하지만 언론과 시민단체, 종교단체 등은 이 사건에 대한 진상 규명을 지속적으로 요구했다. 그 10일은 하루하루가 급박한 나날이었다.

1월 14일 새벽 　　　　　　　　　　　　　　　　　　　　　연행

박종철은 1986년 4월 1일 청계피복노조 합법화 요구 시위로 구속된 후 같은 해 7월 15일 징역 10월에 집행유예 2년을 선고받고 출소했다. 그는 출소 이후에도 학생운동에 참여해왔다.

그의 연행 시각을 둘러싸고 경찰과 박 군 유족 사이에 이견이 있다.

박종철 고문치사 사건이 벌어진 남영동 대공분실. 현재는 경찰청인권보호센터로 운영되고 있다.

경찰은 1987년 1월 14일 오전 8시 10분쯤 서울 신림동 하숙집에서 그를 연행했다고 밝혔다가 오전 7시 30분이나 40분쯤으로 수정했다. 그러나 박 군의 유족들은 그가 전날 밤 11시 친구를 만난 뒤 본 사람이 없고 14일 오전 7시 무렵엔 방에 없었다는 하숙집 주인의 진술 등을 토대로 13일 자정께 연행됐을 것으로 보고 있다.

1월 14일 가혹행위와 사망

공안 당국은 당시 '서울대 민주화추진위원회(민추위) 사건'의 주요 수배자인 박종운 씨의 행방을 알기 위해 박종철 군을 추궁했으나 그의 소재를 알아낼 수 없었다. 이에 경찰은 폭행과 물고문 등을 가했고, 박 군은 1월 14일 오전 11시쯤 남영동 대공분실 509호 조사실에서 사망했다. 부검 결과 사망 원인은 경부 압박에 의한 질식사로 드러났다. 물고문 도중 욕조 턱에 목이 눌려 숨진 것이다.

경찰은 1987년 1월 15일 오후 1시쯤 박종철 군의 유족에게 9,500만 원을 건네며 일체의 민·형사상 문제를 거론하지 않기로 한다는 각서를 작성하게 했다. 또한 이 합의서를 받은 후 곧바로 화장해 고문 사실을 은폐하려 했다. 하지만 이 계획은 전날 저녁 서울지검 최환 공안 부장이 사체를 가족에게 인계할지 여부를 15일 낮에 지휘 받도록 하는 바람에 수포로 돌아갔다.

중앙일보가 석간에 '경찰에서 조사받던 대학생 "쇼크사"'라는 제목으로 박종철 사건을 처음 보도했다. 이를 시작으로 국내 언론사들은 물론 외신 기자들도 열띤 확인 취재에 나섰다. 결국 박 군이 숨진지 30여 시간이 지난 15일 오후 6시쯤 강민창 치안본부장이 그의 사망 사실을 공식 발표했다. 하지만 그는 사망 원인이 갑작스러운 심장마비(쇼크사)라며 수사 과정에서의 가혹행위를 철저히 숨겼다.

이날 오후 9시 국립과학수사연구소의 황적준 박사, 한양대학교 박동호 교수에 의해 부검이 진행됐다. 부검 결과 온몸에 피멍이 들고 엄지와 검지 사이에 출혈 흔적이 있었다. 또 사타구니와 폐 등이 훼손돼 있었으며 복부가 부풀어 있었다. 부검의는 이를 종합해 목 부분이 눌려 질식사했다는 소견을 냈다.

강민창 치안본부장은 부검 결과를 발표하면서 여전히 가혹행위에 대해서는 은폐를 시도했다. 또한 정부는 경찰의 공식 발표에 맞춰 이 사건을 사회면 3단 크기로 보도하라는 '보도지침'을 언론사에 전달했다. 하지만 당시 석간신문이던 동아일보가 1월 16일 전날의 보도지침을 어기고 이 사건을 사회면 중간톱 기사로 크게 보도했다. 야당과 재야단체들은 자체적으로 조사단을 구성해 진상조사에 나섰다. 청와대와 안기부, 검찰, 경찰 등은 수시로 '관계기관대책회의'를 열고 끊임없이 사건을 축소하려 시도했다.

1월 17일 　　　　　　　　　정구영 서울지검장, "물고문 혐의 있다"

정구영 서울지검장은 17일 오후 기자들과 만난 자리에서 박종철 사건에 대한 질문을 받고 "물고문 혐의가 있다"고 밝혔다. 정 검사장은 "박 군을 검안한 의사와 부검에 참여한 의료진들의 진술 등에 비추어 물고문을 가한 것으로 보인다"고 설명했다.

1월 19일 　　　　　　　　　　　　　　고문 경관 2명 구속영장

치안본부는 조한경 경위와 강진규 경사에 대한 구속영장을 신청했다. 강민창 치안본부장은 기자회견을 통해 "조 경위와 강 경사가 조사실의 욕조 물에 박 군의 머리를 집어넣었으나 박 군이 완강히 반항하자 다시 머리를 밀어넣는 순간 급소인 목 부위가 욕조 턱에 눌려 질식사했다"고 고문치사를 인정했다. 그러나 경찰 발표에도 불구하

내무부치안본부수사부

제 : 호   19 87 년 1 월

수신 : 서울지방검찰청 검사장   발신 : 치안본부 수사부

제 목 : 구속영장신청 사법경찰관 경비 경비

    다음 사람에 대한 특정범죄 가중처벌등에 관한법률을위반 피의사건에
관하여 동인을 서대문 경찰서유치장 에 구속하고자 하오니
19 87 년 1 월 28 일까지 유효한 구속 영장의 발부를
청구하여 주시기 바랍니다.

인적사항			
성 명	강진규	주민등록번호 571120-1323911	생년월일 57 년 1 월 20일생
주 거	서울 동작구 상도3동 290의 62호		직업 경찰공무원
본 적	경남 의령군 의령읍 상미 423번지		

구속을 필요로 하는 사유	1. 범죄사실 : 위치와 같음 군죄인건술초서 · 사체검안시
	2. 소명방법 : 피의자신문조서, 사체검안서등

492

서울지방검찰청

호   19 87 년 1 월 19 일

서울지방법원

제 목 : 구속영장청구 ·

    위와 같이 구속영장 신청이 있는 바 그 사유가 상당
하므로 동 영장의 발부를 청구합니다.

서 울 지 방 검 찰 청

검 사 신창언

기재자의, 발 이용

    피의자 강진규는 1979. 8. 1. 경찰공무원 순경으로 임용되어
1983. 8. 14 부터 현재까지 치안본부 대공수사단에 근무하는
경찰공무원 (경사) 으로서 상피의자인 조한경과 같이
서울대 민주화 사건관련 중요수 배자인 박종운 (사회복지과 4년
제적) 과 피혐자 서울시 관악구 신림9동 245의 26호 거주 박종철
21세 (서울대 언어학과 3년생) 가 연겨활동중 이라는 첩보 에 의거
1987. 1. 14. 08:10경 위 피혐자를 추가거에서 치안본부 대공수사
2단 으로 의뢰동했어 조사중 동일 11:20경 동수사관 5층 9호
조사실내에서 피혐지적 중요수 배자인, 박종운의 소재를 추궁
하였으나 피혐자는 박종운의 소재는 않고 있음이 확신감에도
진술을 거부 하고 있음으로 사실을 안아내기 위한 위협수단 으로
피의자는 피혐자의 두팔을 뒤로잡고 상피의자 조한경은 피혐자의 머
리를 강제로 난차례 욕조물에 장시 집어 넣었다가 내놓았으나 계속
진술을 거부 하면서 완강히 반항하자 다시 머리를 욕조물에 집어 넣
는 드는 것이 욕조물에 머리부분이 잠겨쳐로 급소인 목부위가 욕조턱
(높이 50센티, 너비 5센티)에 눌려 비혐되어 나머규 경부 압박에 의
난 질식으로 사망케하자 도 도반밋 흘 개인볍의 염려가 있는 자임.

1월 19일 조한경 경위와 강진규 경사에 대한 구속영장이 발부됐다.

고 신민당 진상조사단과 언론은 고문 내용과 횟수 등에 대해 지속적으로 의혹을 제기했다.

고문 경관 구속에도 불구하고 여론이 수그러들지 않자 정부는 여론 무마용 문책 인사를 단행했다. 김종호 내무장관과 강민창 치안본부장이 경질되고 그 자리에 정호용 씨와 이영창 씨가 기용됐다. 또 고문 경관의 직속상관인 유정방 경정과 박원택 경정에 대해 징계를 결정했다.

이후 1월 23일 현장검증이 진행된 데 이어 24일 두 고문 경관이 구속기소됨으로써 박종철 고문치사 사건이 마무리되는 듯했다.

고조된 민주화 열망

종교계와 시민단체, 재야인사, 대학생들의 움직임은 시간이 갈수록 거세졌다. 박종철 사건은 두 고문 경관의 문제가 아닌 1980년대 전두환 정권의 인권 유린과 독재에 대한 상징이었기 때문이다. 1987년 1월 26일 김수환 추기경의 강론을 시작으로 종교계에서는 독재정권에 대한 심판과 민주화에 대한 열망이 표출됐다. 이러한 열망은 4월

정치적 암흑기의 산물, 남영동 대공분실

김근태 고문 사건, 박종철 고문치사 사건 등으로 유 명해진 남영동 대공분실은 1976년 대한민국 경찰 청 보안수사대가 설치했다. 국가보안법을 위반한 사 람을 조사하는 것이 당초 설치 목적이었으나 정권을 유지하기 위한 도구로 사용됐다.

남영동 대공분실의 나선형 계단.

 남영동 대공분실은 1층에서 조사실이 있는 5층까지 이어지는 나선형 계단 구조로 돼 있다. 피의자들이 이동할 때 방향이나 층을 알 수 없도록 하기 위해서 다. 이곳에서는 피의자의 기본적인 인권마저 박탈한 채 고문 등 가혹행위가 이뤄졌다. 1985년 민주화운동청년연합 의장 김근태 씨가 이근안 경감에게 전기고문과 물고문을 받았으며, 1987년 박종철 군이 가혹행위 로 사망하면서 그 실체가 알려지기 시작했다. 대한민국 경찰청 인권홈페이지의 역사관에서는 남영동 대공분실에 대해 다음과 같이 설명하고 있다.

 "치안본부 대공분실은 1948년 10월 대간첩 수사 업무를 위해 치안국 특수정보 과 중앙분실로 발족했으며, 1970년 10월 정보과 공작분실로, 1976년 5월에는 치 안본부 대공과 대공분실로 바뀌었고, 1983년 12월에는 좌경의식 수사 업무를 흡수 하고 제4부 대공수사단으로 통합되었다. 이후 경찰청 대공수사 1·2단, 대공2부, 보 안3과 등으로 직제가 개편되었다. 남영동 대공분실 청사는 업무 특성상 '○○해양연 구소'라는 간판으로 철저히 위장, 70~80년대 민주화운동을 하던 많은 인사들을 취 조·고문하던 곳으로 특히 1987년 1월 박종철 고문치사 사건으로 세간에 널리 알려 지게 되었다."

 현재 남영동 대공분실은 경찰청 인권센터로 운영되고 있다. 박종철 군이 고문을 받다 숨진 509호 조사실을 박종철 추모 공간으로 조성했으며, 4층에 박종철 기념 전시실을 설치해 운영하고 있다.

13일 전두환 대통령의 호헌 담화 발표와 5월 18일 천주교정의구현전
국사제단의 '박종철 사건 진상 조작' 성명 발표로 더욱 고조됐다.

명동성당에서 박종철 군의 죽음을 추모하는 특별미사가 열렸다.
김수환 추기경은 강론에서 지금 하느님이 "너희 아들, 너희 제자,
너희 젊은이, 너희 국민의 한 사람인 박종철은 어디 있느냐?"고 묻고
계신다고 했다. 김 추기경은 "'탁' 하고 책상을 치자 '억' 하고 쓰러졌
으니 나는 모른다. 그것은 고문 경찰관 두 사람이 한 일이니 우리는
모르는 일이라고 사람들이 잡아떼고 있다"며 이를 카인의 대답이라
고 지적했다.

2월 7일 박종철 고문치사 사건에 항의하는 추도회가 열렸다. 전두
환 정권은 이 추도회를 불법으로 규정하고 2만 5,000명의 전경을 동
원해 행사 저지에 나섰다. 경찰의 저지로 추도회가 어려워지자 서울,
부산, 대전, 광주 등 전국 곳곳에서 시위가 벌어졌다. 오후 2시 정각

명동성당에서는 박종철 군의 나이에 맞춰 21번의 종이 울렸다. 이 시위로 전국에서 798명이 연행됐다.

3월 3일　　　　　　　　**49재와 '고문 추방 민주화 국민평화대행진'**

전국 대도시에서 재야세력과 신민당 주도로 '고문 추방 민주화 국민평화대행진'이 추진됐다. 하지만 경찰은 3월 2일 전국에 갑호비상령을 내리고, 경찰 6만 명을 투입해 행사를 원천봉쇄했다. 전국 곳곳에서 벌어진 시위에는 대학생뿐만 아니라 종교계 인사들도 동참했다. 이 시위로 439명이 경찰에 연행됐다.

4월 13일　　　　　　　　　　　　　　　**호헌 조치 발표**

1986년 2월 재야 및 시민단체를 중심으로 대통령 직선제를 위한 민주헌법 쟁취투쟁이 확산됐다. 같은 해 7월 여야 만장일치로 헌법개정특별위원회가 발족하는 등 개헌에 대한 욕구는 강해지고 있었다.

이러한 국민의 개헌 요구에도 불구하고 전두환 대통령은 1987년 4월 13일 특별담화를 통해 헌법을 바꾸지 않겠다는 호헌 방침을 선언했다. 자신의 임기 중에 개헌이 불가능하다고 판단돼 5공화국 헌

박종철 군 49재에 참석하기 위해 조계사에 들어가려던 스님들이
경찰의 철옹성 같은 인의 장벽 앞에 잠시 합장하고 있다.

법에 따라 1988년 2월 25일 대통령 임기 만료와 더불어 후임자에게 정부를 이양하겠다는 게 골자였다. 그러나 호헌 담화를 계기로 국민의 개헌 요구는 더욱 뜨거워졌다.

5월 18일 　　천주교정의구현전국사제단, '박종철 사건 진상 조작' 성명

천주교정의구현전국사제단은 5·18 항쟁 희생자 추모미사 후 박종철 사건 진상이 조작됐다는 성명을 발표했다.

사제단은 "구속된 조한경·강진규 두 경관은 진범이 아니며 황정웅 경위, 반금곤 경위, 이정호 경사가 진범"이라고 주장했으나 이에 주목하지 않은 언론은 사회면 1, 2단 기사로 간략하게 보도했다.

가장 큰 이유는 사제단 성명 내용이 '범인이 더 있다'가 아닌 '범인이 바뀌었다'였기 때문이다. 사건 초기 수사 주체를 둘러싼 논란 끝에 경찰이 자체 수사를 벌였기 때문에 범인이 바뀌었다고 생각하기 어려웠다. 범양상선 외화 도피 사건과 통일민주당 정강·정책에 대한 국가보안법 위반 여부 수사라는 대형 뉴스도 영향을 미쳤다. 검찰은 정강·정책 가운데 '정치적 이념을 초월하는 민족통일'이란 부분이 국가보안법의 이적동조에 해당한다고 보았다. 특히 검찰의 통일민주당 정강·정책 수사는 김영삼 총재의 소환까지 거론되는 등 초미의 관심사였다.

5월 21일　　　　　　　　　　　고문 가담 경관 3명 더 있었다

천주교 사제단의 5월 18일 '박종철 사건 진상 조작' 성명 이후 검찰은 5월 20일 이 사건의 재수사를 결정했다. 또한 5월 21일 정구영 검사장이 기자회견을 통해 고문에 가담한 경찰관 3명이 더 있다고 발표했다. 동아일보는 5월 22일 1면 머리기사로 관련 상사 모임에서 범인 축소 조작을 모의했다고 보도했다.

5월 26일　　　　　　　　　　　　　　　　　전면 개각

박종철 고문치사 사건의 범인이 축소 조작된 것으로 드러나면서 국민적 분노가 더욱 거세지자 전두환 정권은 국면을 전환하려고 전면적인 개각을 단행했다. 노신영 국무총리를 포함해 안기부장, 내무·재무·법무 장관 및 검찰총장 등을 교체했다. 가장 눈길을 끈 인사는 장세동 안기부장의 교체였다. 그는 당시 관계기관대책회의 등을 통해 정국을 주도해온 인물로 전두환 정권의 2인자로 꼽혀왔다.

대검 중앙수사부가 범인 축소 조작 및 은폐와 관련해 재수사에 나섰다. 검찰은 강민창 전 치안본부장을 참고인으로 소환했다. 조한경 경위는 구속 수감된 뒤 박처원 치안감으로부터 1억 원을 제공하겠다는 회유를 받았다고 검찰에서 진술했다. 대검 중앙수사부는 5월 29일 수사 결과를 발표하고 박처원 치안감과 유정방 경정, 박원택 경정 등 3명을 범인 도피 혐의로 구속했다.

6월 27일 열린 이 사건 결심 공판에서 검찰은 조한경·강진규·반금곤 피고인에게 징역 15년을, 황정웅 피고인에게 징역 12년을, 이정호 피고인에게 징역 10년을 구형했다. 6월 17일 첫 재판이 열린 지 불과 10일 만에 심리가 마무리됐다. 그만큼 정부가 이 사건을 조속히 마무리하고 싶었던 것이다.

6월 항쟁의 시작, 박종철

박종철 고문치사 범인 축소 조작 사건은 대학생과 야당, 종교계는 물론 시민들까지 거리로 나오게 만드는 계기가 됐다. 정부는 6월 8일 내무·법무 장관의 합동담화를 통해 민주헌법쟁취국민운동본부(국본)에서 개최하기로 한 6월 10일 박종철 고문살인 은폐 조작 규탄 및 호헌철폐 범국민대회(6·10대회)를 불법으로 규정하고 강행할 경우 헌정 파괴의 저의가 있는 것으로 판단해 엄단하겠다는 입장을 밝혔다. 정부의 강경한 시위 진압은 6월 9일 연세대 경영학과에 재학 중이던 이한열 군의 부상으로 이어졌다. 그의 부상은 6월 항쟁의 신호탄이 되었다.

6월 10일　　　　　　　　　　민정당 전당대회와 6·10대회

6월 10일 박종철 고문치사 사건에 대한 은폐 조작 규탄 및 민주헌법 쟁취를 위한 범국민대회가 전국적으로 벌어졌다. 이 대규모 시위에서 3,854명이 연행됐으며, 명동성당에서는 1,000여 명의 시위대가 이틀째 농성을 진행했다.

같은 날 이러한 여론을 무시한 채 잠실체육관에서 민정당 전당대회가 열렸다. 민정당은 이 전당대회에서 노태우 대표위원을 대통령 후보로 선출했다. 민주화를 열망하는 민심이 분출되던 날 전두환 정권은 이를 외면한 채 그들만의 행사를 통해 대통령 후보를 뽑은 것이다.

6월 13일 6·10대회를 주도한 혐의로 양순직 민주당 부총재와 박형규 목사 등 13명이 구속됐다. 또한 6월 10일부터 명동성당에서 농성을 벌이던 학생과 시민 200여 명은 6월 15일 자진 해산했다. 그리고 이날 명동성당에서 행해진 '민주화를 위한 사제단 미사'가 끝난 후 2만여 명이 명동 거리에서 촛불 시위를 벌였다.

6월 10일부터 이어진 전국적인 대규모 시위로 불안감을 느낀 정부는 6월 18일 전국 36개 대학에 '기말시험 연기 및 조기 방학 공고'를 내도록 했다. 6월 19일 전국 103개 대학 중 84개 대학이 여름방학에 들어갔다. 하지만 이러한 정부의 방침에도 불구하고 6월 18일 전국 대도시에서 10만여 명이 철야 시위를 벌였다. 이 시위로 파출소 21곳과 경찰 차량 13대가 전소됐으며, 전국에서 1,500여 명이 연행됐다. 6월 19일에는 31개 파출소와 경찰 차량 13대가 불에 탔고, 300여 명이 경찰에 연행됐다. 대전에서는 돌진하는 버스에 치여 전경 1명이 목숨을 잃었다. 6월 10일부터 이어진 전국적인 대규모 시위는 '6·26 국민평화대행진'으로 이어졌다.

박종철의 이름으로 성취한 국민의 승리

6월 항쟁 이전에도 종교계, 재야인사, 대학생들을 중심으로 반정부 민주화운동은 지속적으로 이어져왔다. 그러나 6월 항쟁 때는 소위 '넥타이 부대'라고 불린 직장인들이 대거 시위에 참여했다. 민주화운동이 더 이상 대학생이나 몇몇 재야인사의 전유물이 아닌 범국민적 열망으로 표출된 것이다. 이러한 범국민적 민주화 요구가 전두환 정권의 대국민 항복 문서라 할 6·29선언을 이끌어냈다.

6월 29일   **노태우 민정당 대표 6·29선언**

노태우 민정당 대표가 대통령 직선제 개헌 요구 수용 등 시국 수습을 위한 8개 항을 발표했다. 노 대표는 대통령선거법을 개정해 공정한 경쟁을 보장하고 김대중 씨의 사면·복권을 건의하며 언론 자유를 최대한 보장하겠다고 선언했다. 그는 이 특별선언을 전두환 대통령에게 건의할 예정이라며 자신의 제안이 관철되지 않을 경우 민정당 대통령 후보와 당대표직을 포함한 모든 당직에서 사퇴하겠다고 밝혔다.

"姜씨외 더이상 처벌없다"

大檢, 朴鍾哲군 사건 再搜査결과 밝혀

拘置所 호송 구속수감되는 姜玟昌전치안본부장, 朴鍾哲군 사인조작관련, 철야 조사를 받아오면 姜玟昌 당시 치안본부장이 15일밤11시40분쯤 구속영장이 발부돼 서울구치소로 호송되고 있다. 〈張南源기자〉

檢察엔 外部압력 없었다

警察믿고 初動수사 맡겨

고문警官 2명 구속

女高生 살해용의자 10代때려 "腦死"

11명 검거
自首

1988년 1월 15일 강민창 전 치안본부장이 구속됐다. 그는 구속 이후 5년 6개월 만인 1993년 7월 대법원에서 징역 8월에 집행유예 2년의 유죄를 확정받았다. 중앙일보 1988년 1월 16일자.

서울형사지방법원은 7월 4일 박종철 고문치사 사건 관련 피고인 5명에 대한 1심 선고공판에서 이들 모두에게 유죄를 인정했다. 법원은 조한경·강진규 피고인에게 구형대로 징역 15년을, 반금곤 피고인에겐 징역 8년을, 황정웅 피고인에게 징역 7년을, 이정호 피고인에게는 징역 5년을 각각 선고했다.

1988년 1월 12일 동아일보가 박종철 군 1주기를 앞두고 박 군 사체 부검을 집도했던 국립과학수사연구소 법의학 1과장 황적준 박사의 당시 일기를 공개했다. 황 박사가 부검 직후 박종철 군의 사인이 '경부 압박에 의한 질식사'라는 소견을 밝혔음에도 경찰 수뇌부에서 "쇼크사로 하라"며 압력을 가하고 회유했다는 내용이었다. 결국 1월 15일 밤 사건 당시 치안본부장으로 경찰 최고책임자였던 강민창 씨가 직권남용과 직무유기 혐의로 검찰에 구속됐다. 박 군의 죽음이 중앙일보를 통해 세상에 알려진 지 꼭 1년 만이었다.

강민창 전 치안본부장은 1심에서 징역 8월, 자격정지 1년, 집행유예 2년을 선고받았으나 2심에서는 무죄를 선고받았다. 하지만 대법원은 1991년 12월 직무유기 부분에 대해 유죄 취지로 판단해 서울고등법원이 재판을 다시 하도록 돌려보냈다. 강씨는 결국 1993년 7월 대법원에서 징역 8월에 집행유예 2년의 유죄를 확정받았다.

박처원 전 치안감과 유정방 전 대공수사2단 5과장, 박원택 전 대공수사2단 5과 2계장도 1심에서 유죄, 2심에서 무죄를 선고받았다. 이들 역시 대법원에서 파기 환송된 뒤 사건 발생 9년 만인 1996년 1월 대법원에서 유죄가 확정됐다. 박처원 전 치안감은 징역 1년 6월에 집행유예 3년, 유정방 전 5과장과 박원택 전 5과 2계장은 각각 징역 1년에 집행유예 2년을 선고받았다.

고문치사와 범인 축소 및 은폐에 관련된 경찰 책임자들이 처벌을 받았지만 죽음으로써 우리에게 민주화의 문을 열어준 박종철 군 앞에 우리는 아직 떳떳할 수 없다. 당시 권력의 꼭대기에 있던 전두환 전 대통령의 이 사건 관련 책임 문제와 관계기관대책회의의 정확한 실체 등은 여전히 밝혀지지 않았기 때문이다.

3장

대한민국 민주화는
박종철 사건
전후로 나뉜다

당신이 생각하는 1980년대는 어떠한가? 1980년대를 살지 않았던 사람들은 아마 TV 드라마인 〈응답하라 1988〉의 모습을 떠올릴 것이다. 88서울올림픽, 대중가요의 전성시대, 정이 있던 이웃사촌의 모습. 혹은 〈영웅본색〉에 나오는 주윤발이나 장국영을 떠올릴 것이고, 소피 마르소나 브룩 실즈 같은 여배우를 떠올릴 수도 있다.

하지만 1980년대를 살았던, 아니 정확하게 80년대 초부터 87년까지를 경험했던 사람들은 매캐한 최루탄 냄새와 술자리에서 숨죽여 정부에 대한 불만을 토로하던 일을 떠올릴 것이다. 또는 82년 출범한 프로야구의 MBC 청룡이나 삼미 슈퍼스타즈, 박철순 선수를 기억해낼 것이다.

표면으로 드러난 1980년대는 문화, 영화, 스포츠가 발전하는 시대였다. 그러나 그 이면에 전두환 정권의 강압 정치로 많은 사람들이 다치고, 사라지던 시대였다. 어느 시대든 명암이 공존하지만 우리나라의 1980년대처럼 명암이 극명한 대비를 이룬 시기는 드물 것이다.

나는 이 장에서 1980년대의 어두운 시대상에 대해 이야기하려 한다. 왜 박종철의 죽음과 같은 사건이 일어나게 됐는지, 그리고 사람들이 왜 죽음을 불사하고 민주화를 외치며 거리에 나와야 했는지에 대해 이야기할 것이다. 그것이 우리가 기억해야 할 1980년대의 진실이기 때문이다.

1980년 서울의 봄, 다시 암흑 속으로

1979년 10월 26일 김재규 당시 중앙정보부장이 박정희 대통령을 살해했다. 이후 최규하 내각은 1979년 12월 6일 긴급조치를 해제했다. 긴급조치 해제로 그동안 정치활동을 할 수 없었던 재야인사들이 복권되고 개헌에 대해서도 논의할 수 있게 됐다. 길었던 유신체제가 막을 내린 것이다. 유신체제의 종식은 국민에게 민주화에 대한 기대를 부풀게 했다. 복권된 재야인사들의 움직임은 활발했고, 시민들의 기대는 현실이 될 것 같았다.

하지만 당시 보안사령관이었던 전두환은 합동수사본부장에 오르면서 권력을 장악하기 시작했다. 그는 군부 내 하나회를 중심으로 12월 12일 군사반란을 일으켜 군부를 자신의 수중에 넣었다. 민주화를 꿈꾸던 시민들의 기대가 무너진 것이다.

신군부는 1980년 1월 군 장성들의 대대적인 물갈이를 단행했다. 이를 통해 군부 내 반대 세력을 제거한 전두환은 1980년 4월 14일 공석 중이던 중앙정보부장까지 겸임하면서 막강한 권력을 거머쥐었다.

이러한 신군부에 맞서 대학생들은 1980년 봄, 대규모 시위에 나섰다. 유신헌법 철폐와 민주헌법의 제정을 요구하는 학생들의 시위는 5월 들어 극에 달했다. 5월 15일 서울역 광장에는 10만여 명의 대학생과 시민들이 모여 시위를 벌였다. 시민들의 목소리가 거세지자 신현확 국무총리는 '국회와 협의해 모든 정치 일정을 최대한 앞당기겠다'는 담화문을 발표했다. 국무총리 담화가 나오자 학생들은 계속된 시위로 어느 정도 목적을 달성했다고 자체 판단했다. 당분간 시국을 관망하겠다며 학생들이 거리에서 철수하기로 한 이른바 '서울역 회군'이 이루어진 것이다.

하지만 시국은 국민의 기대와는 전혀 다른 방향으로 흘러갔다. 신군부는 5월 17일 자정을 기해 비상계엄을 서울에서 전국으로 확대했다. 또한 전국 대학에 휴교령을 내렸으며, 정치활동 금지·언론 사전 검열·영장 없이 체포 및 구금 등을 골자로 한 포고령 제10호를 발표했다. 김대중 씨와 김종필 씨 등 정치인과 재야인사들이 권력형 축재와 학생 선동 혐의로 체포됐다. 신군부는 5월 17일 조치에 반대해 일어난 광주 5·18 민주화운동을 무력으로 진압했다. 시민들이 민주화를 염원하고 꿈꾸던 '서울의 봄'은 그렇게 끝났다.

이후 신군부의 집권 시나리오는 순차적으로 진행됐다. 5월 31일 최규하 대통령을 위원장으로 하는 '국가보위비상대책위원회'가 출범했다. 국보위는 대통령을 자문·보좌하는 초헌법적 기구로 전두환 보안사령관 겸 중앙정보부장서리가 상임위원장을 맡았다. 그해 8월 16일 최규하 대통령이 하야하고 8월 27일 전두환이 통일주체국민회의에서 대통령으로 선출됨으로써 5공 정권이 시작됐다.

국민의 귀를 막고 눈을 가리다

신군부는 1979년 12월 12일 군사반란 이후 자신들이 세운 계획대로 정권을 장악해 나갔다. 하지만 정권을 잡는 과정에서의 폭력과 억압으로 국민의 불신은 팽배해졌다. 국민이 지지하지 않는 정권은 정당성과 정통성을 인정받기 어렵다. 정통성이 결여된 전두환 정권이 선택한 것은 민주주의가 아닌 강압 정치였다.

전두환 정권의 강압 정치는 다방면으로 펼쳐졌다. 학생운동을 전면적으로 차단해야 했으며, 정적을 숙청해야 했다. 또 이러한 강압적인 행위가 국민에게 전달되지 않도록 할 필요가 있었다. 대부분 독재권력자들이 그랬듯이 전두환 정권도 언론 탄압에 나섰다. 즉, 정통성이 결여된 정권이 강압 정치를 위해 국민의 귀를 막고 눈을 가릴 필요가 있었던 것이다.

전두환 정권의 언론 통제는 1980년 초부터 시작됐다. 전두환 세력은 보안사 정보처에 언론반을 신설했다. 언론을 감시하고 회유하며 언론 통제를 시작한 것이다. 전두환 정권의 언론 탄압은 언론인 무더기 해직으로 시작됐다. 1980년 7월부터 다음 달 9일까지 언론인 711명이 언론계를 떠나야 했다.

언론인 대량 해직에 이어 전두환 정권은 언론 통폐합을 단행했다. 1980년 11월 14일 한국신문협회와 방송협회는 신군부의 압력에 못 이겨 임시총회를 열고, 신문·방송·통신의 통폐합과 방송의 공영체제화, 대형 통신사 신설 등을 내용으로 하는 언론 통폐합을 결의했다. 결의문은 "신문과 방송, 통신을 자율적으로 개편한다"는 내용을 담고 있었으나 통폐합 대상 발행인과 경영인을 보안사로 끌고 가 통폐합에 찬성하는 각서에 강제로 도장을 찍게 한 강압의 결과였다.

당시 64개 전국 언론사를 신문사 14개, 방송사 3개, 통신사 1개로 강제 통폐합했으며 172종의 정기간행물을 폐간했다. 신아일보는 경향신문에, 서울경제는 한국일보에 통합됐고 동양방송(TBC)과 동아방송은 KBS에 통합됐다. 통폐합 내용에는 1도 1지(1道 1紙) 원칙에 따라 지방지는 흡수 통합하고, 합동통신과 동양통신이 합병해 유일 통신사인 연합통신으로 발족하며 지방 주재 기자 제도를 폐지한다는 것 등이 포함됐다. 또 방송을 KBS와 KBS가 주식의 70%를 소유한 준(準)관영 MBC로 이원화함으로써 방송매체를 완전히 장악했다. 이 과정을 거치며 1,200여 명의 언론인이 강제 해직됐다.

전두환 정권은 언론 통폐합에 이어 1980년 12월 31일 국가보위입법회의에서 제정한 '언론기본법'으로 언론 통제의 기틀을 공고히 했다. '언론기본법'에는 간행물의 등록의무제와 함께 문화공보부 장관의 발행정지 명령권 및 등록취소 권한 등의 조항이 포함됐다. 또 방송위원회, 방송심의위원회, 언론중재위원회를 설치함으로써 언론매체에 대한 통제 장치를 마련했다.

전두환 정권은 다른 한편으로 언론에 당근을 제공하며 경영진을 포섭하고 통제하려 했다.

신문 카르텔의 담합행위를 묵인했고, 언론 통폐합 이후 스포츠서울을 제외한 일간지 신규 발행을 허가하지 않았다. 중앙지의 과점체제와 지방지의 1도 1사 독점체제가 구조적으로 보장된 것이다. 이러한 독과점 상황에서 신문사들은 경제발전에 따라 광고 및 판매시장의 규모가 급속히 확대되자 안정적인 성장 기반을 확보할 수 있었다.

또한 하루 8면으로 제한돼 있던 신문 발행 면수를 1981년 들어 12면으로 증면할 수 있게 해줬다. 이에 따라 신문사들은 윤전기를 추가 도입해야 했는데, 전두환 정권은 같은 해 말 국회에 관세법 개정안을 제출해 신문사들의 윤전기 도입에 따른 관세 20%를 1982년 1년에 한해 4%로 낮춰줬다.[1]

전두환 정권의 이러한 당근책 때문에 당시 언론에 대한 시민들의

---

1   김주언, 《한국의 언론통제》, 300쪽.

언론 통폐합으로 없어질 신문사 명패 선별 작업(위).
1980년 11월 12일 당국의 압력으로 언론사 대표 등이 쓴 언론 통폐합 각서(아래).

평가도 엇갈린다. 언론 탄압 속에서도 나름의 역할을 수행했다는 평가와 권위주의 정부를 등에 업고 몸집 키우기에 주력했다는 평가를 동시에 받고 있는 것이다.

가장 정확한 뉴스는 '대자보'와 '카더라 통신'

전두환 정권의 언론 탄압 정책으로 언론은 본래의 역할을 수행하기 어려웠다. 국민의 눈과 귀가 되는 데 한계가 있던 언론에 대해 시민들의 불신도 없지 않았다. 언론에 대한 불신은 당시 유행했던 말로 대신할 수 있다.

"우리에게 가장 정확한 뉴스는 대자보밖에 없다."

언론이 정확한 뉴스를 전하지 못하는 것을 비꼬는 말로 대학교에 붙는 대자보가 신문이나 방송보다 정확하다는 의미다. 또한 일반 시민들은 일명 '카더라 통신'이 가장 정확하다고 말했다. '카더라 통신'은 '~한다더라'는 소문 혹은 유언비어를 지칭하는 말이다. 언론이 제 기능을 못하자 시민들은 구전되는 소문을 더 믿었던 것이다.

전두환 정권의 언론 탄압은 언론 통폐합이나 언론기본법에 그치지 않았다. 가장 직접적이고 일상적인 보도 통제 수단이 '보도지침'이었다. 전두환 정권은 1981년 1월 6일 문공부에 '홍보조정실'을 설치했다. 홍보조정실 설치의 목적은 '언론기관의 보도 협조 및 지원에 관한 종합계획을 수립한다'는 것이었다. 하지만 매일 언론사에 보도 지침을 내리는 것이 홍보조정실의 주된 역할이었다.

이러한 보도지침의 실상은 1986년 9월, 월간 〈말〉지가 이를 폭로 함으로써 외부에 알려졌다. 당시 기사에는 한국일보의 김주언 기자 가 제공한 자료를 바탕으로 문화공보부가 각 언론사에 내린 보도지 침 584건이 실려 있었다. 이 가운데 77%가 실제 보도지침대로 행해 진 것으로 드러났다. 이 사건으로 민주언론운동협의회 사무국장 김 태홍 씨, 실행위원 신홍범 씨, 김주언 기자가 국가보안법 위반 및 국 가모독 혐의로 구속됐다.

홍보조정실은 어떤 사안에 대해 '보도해도 좋음' '보도하면 안 됨' '보도하면 절대 안 됨' 등의 지침을 내렸다. 또 대통령의 동정과 같은 정부의 홍보성 기사와 관련해서는 '크게' '눈에 띄게' '적절히' '강조 해서' 등으로 기사의 크기와 보도의 방향에 대한 지침을 주기도 했다. 그러나 월간 〈말〉지를 통해 정부의 보도지침 내용을 폭로한 김주언 씨 는 "홍보조정실은 하수인에 불과하고 보도지침을 포함, 모든 언론 통 제 정책이 (청와대) 정무비서실의 엄격한 통제와 관리 아래에 있었다" 고 말했다.

박종철 사건도 초기에 정부의 보도지침이 있었다. 첫 보도지침은 1987년 1월 15일 오후 6시를 전후해 각 언론사에 전달됐다. 중앙일 보에 의해 이 사건이 최초로 보도된 뒤 오후 6시쯤 경찰의 공식 발표 에 맞춰 내려진 것이다. 보도지침 내용은 신문의 경우 사회면 3단, 방

부천경찰서 성고문 사건에 대한
1986년 7월 17일 보도지침.

송은 영상 없는 단신 처리였다.

　이에 따라 1월 16일 조간인 조선일보는 사회면에 제목은 3단 크기로 하는 대신 제목 밑에 박 군의 사진을 게재해 4단처럼 편집했고, 한국일보는 3단 크기로 보도했다. MBC는 15일 저녁 9시 뉴스데스크 말미의 '간추린 뉴스' 맨 마지막에 이 소식을 전했다.

　부천경찰서 성고문 사건은 이러한 보도지침 사례를 잘 보여준다. 1986년 6월 위장취업으로 경찰에 구속된 서울대 의류학과 4학년 권인숙 씨가 6월 6일과 7일 조사를 받는 과정에서 문귀동 경장으로부터 성고문을 당한 사건이다. 이 사건 후 7월 3일 권인숙 씨는 조영래·홍성우·이상수 변호사 등의 도움으로 문귀동 경장을 고소했다.

당시 성고문 사건이 국민들에게 노출되는 것을 우려했던 전두환 정권은 7월 10일과 11일 이틀간에 걸쳐 언론사에 보도지침을 내려 이사건을 무마시키려 했다.

"기사 제목에서 '성폭행 사건' 대신 '부천서 사건'이라 표현하기 바람."(7월 10일 보도지침)

"부천 사건 항의 시위 등 이와 관련된 일체를 보도하지 말 것."(7월 11일 보도지침)

정부의 이러한 언론 통제는 결국 국민의 언론에 대한 불신으로 이어졌다.

인권 유린과 강압 정치

정당성과 정통성이 취약한 전두환 정권의 가장 큰 부담은 국민과 대학생들의 민주화에 대한 열망이었다. 특히 대학생들과 재야단체의 반정부 시위는 날이 갈수록 거세졌다. 그러나 12·12 쿠데타에 이어 5·18 광주민주화운동을 무력으로 제압한 전두환 신군부는 권력 유지를 위한 강압의 고삐를 늦추지 않았다.

강압 정치의 시작은 재야인사의 숙청이었다. 특히 재야의 중심에 있던 인물들이 제거 대상 1순위로 지목됐다. 신군부는 1980년 자신들의 집권에 방해가 될 수 있는 김대중 씨와 문익환 목사 등 20여 명의 재야인사를 5·18광주민주화운동 배후 인물로 지목해 군사재판에 넘겼다. 이 중 김대중 씨는 1981년 1월 사형 확정 판결을 받았다. 그러나 재야인사 숙청은 국민과 대학생들의 반정부 감정을 더욱 높였다.

신군부의 강압 정치는 재야인사에 국한되지 않았다. 1980년 8월 4일 '사회악 일소 특별조치'와 '계엄포고령 제13호'를 발표한 데 이어 '삼청5호 계획'이 진행됐다. '삼청5호 계획'으로 연인원 80만 명의 군·경이 투입돼 1980년 8월 1일부터 1981년 1월 25일까지 총 6만 755명이 체포됐다.

체포된 사람들은 분류심사를 통해 A, B, C, D 4등급으로 나눠져 A급은 군사재판 또는 검찰 인계, B급은 순화교육 후 근로봉사, C급은 순화교육 후 사회 복귀, D급은 훈방 조치됐다. A급으로 분류돼 재판에 넘겨진 인원은 3,252명이었으며, D급으로 분류돼 훈방 조치된 인원은 1만 7,761명에 이르렀다. 나머지 3만 9,742명이 순화교육 대상자인 B, C급으로 분류됐다. 순화교육 대상자 가운데는 학생 980명과 여성 319명이 포함됐다.[2]

1988년 국회의 국방부 국정감사 발표에 따르면 삼청교육대 현장 사망자가 52명, 후유증으로 인한 사망자 397명이었으며, 정신장애 등 상해자가 2,678명으로 나타났다. 불량배를 소탕해 '국민적 기대와 신뢰를 구축한다'는 명분으로 진행된 '삼청5호 계획'이 인권 유린

---

2   《한국민족문화대백과》, 한국학중앙연구원.

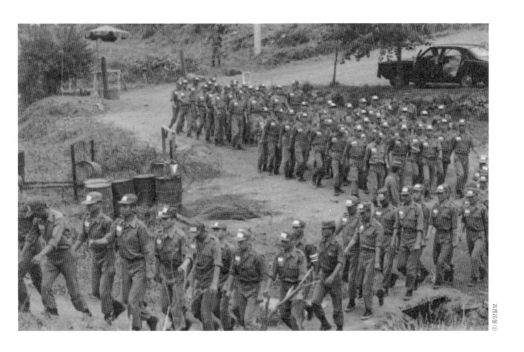

1980년 신군부는 사회정화를 목적으로 삼청교육대를 설치했다.
삼청교육대는 5·16 군사정변 이후 시행된 사회정화운동에서 착안한 것으로
신군부 인권탄압의 단면을 보여준다.

의 장으로 변질된 것이다.

삼청교육대가 일반인 대상의 정화사업이었다면 대학생 대상으로는 '학원녹화사업'을 통해 강압 정치를 펼쳤다. 학원녹화사업은 80년대 운동권 학생들을 강제징집하라는 전두환 대통령의 지시에 따라 펼쳐졌다. 1980년 9월부터 1984년 12월까지 학원녹화사업으로 강제 징집된 학생은 1,100여 명이었다. 이들은 신체검사 절차를 밟지 않은 상태에서 강제로 징집됐다. 1982년 9월부터 1984년 12월까지는 '좌경오염 방지'라는 이유를 내세워 이들을 대학교에 파견해 운동권 첩보 수집에 활용하기도 했다. 학원녹화사업 과정에서 6명이 의심스럽게 사망한 것으로 드러났다. 이로 인해 정치적 논란이 일자 1984년 12월 19일 이 사업은 폐지됐다.

정권 중반인 1985년 이후 전두환 정권의 강압 정치는 더욱 거세졌다. 1988년 정권 이양을 앞두고 군부의 장기집권에 걸림돌이 되는 민주화운동에 대한 탄압의 강도를 높였다. 민주화 세력을 탄압하기 위해 국가보안법을 동원했다. 경찰은 공안사건 수사에 한 계급 특진 등 포상을 내걸고 수사를 독려했다. 이런 분위기가 결국 물고문과 전기고문 등 강압 수사를 부채질한 것이다.

공안 사건 관련 구속자들은 대부분 용공분자로 낙인찍혀 변호인 접견 같은 기본적인 방어권을 제한받기도 했다. 이 시기에 5공화국 3대 인권 유린 사건인 김근태 고문 사건(1985년), 권인숙 성고문 사건(1986년), 박종철 고문치사 사건(1987년)이 발생했다.

정당성과 정통성이 결여된 전두환 정부는 정권 유지를 위해 반대자들에 대한 탄압을 멈추지 않았다. 그런 사이 국민의 불만은 쌓여갔고 결국 1987년 6월 항쟁으로 폭발한 것이다.

전두환 정부의 인권 유린 사건

김근태 고문 사건

전 민주화운동청년연합(민청련) 의장 김근태 씨가 1985년 12월 19일 첫 재판 모두 진술을 통해 경찰 조사 과정에서 있었던 고문의 진상을 폭로함으로써 세상에 알려졌다.

"본인은 9월 4일부터 9월 20일까지 (매일) 전기고문과 물고문을 당했습니다. 전기고문을 주로 하고 물고문은 전기고문으로 발생하는 쇼크를 완화하기 위해 가했습니다. 고문을 하는 동안 비명이 바깥으로 새어 나가지 않게 하기 위해 라디오를 크게 틀었습니다. 그리고 비명 때문에 목이 부어 말을 못하게 되면 즉각 약을 투여하여 목을 트이게 하였습니다. 이러한 과정에서 9월 4일 각 5시간씩 두 차례 물고문을 당했고 9월 5일, 9월 6일 각 한 차례씩의 전기고문과 물고문을 골고루 당했습니다."

(김근태 씨의 법정 진술 중)

1985년 민청련 의장이었던 김근태 씨는 구속 후 조사 과정에서 '고문 기술자' 이근안에게 갖은 고문을 당했다. 사진은 1988년 6월 30일 부인 인재근 씨를 안고 출소의 기쁨을 나누는 김근태 씨.

1983년 민청련의 초대 의장에 선출된 김근태 씨는 1985년 8월 서울대 민추위 배후조종 혐의로 경찰에 연행됐다. 9월 4일 남영동 대공분실로 끌려간 그는 23일 동안 '고문 기술자'인 이근안으로부터 가혹한 전기고문·물고문 등을 당했다. 김근태 씨의 부인 인재근 씨가 고문 사실을 미국과 인권단체 등에 알렸다. 이근안은 1988년 12월 24일 잠적한 후 10년 10개월이 지난 1999년 10월 28일 경찰에 자수했다.

권인숙 성고문 사건

부천의 의류공장에 위장취업한 서울대 의류학과 4학년 권인숙 씨는 1986년 6월 4일 주민등록증 위조 혐의로 부천경찰서에 연행됐다. 그는 위장취업 사실을 모두 인정했지만 문귀동 경장은 이와 관계없는 '5·3 인천사태' 주동자들의 행방을 캐물었다. 권씨는 이 과정에서 옷을 벗기고 국부를 만지는 등의 성고문을 당했다.

이후 권인숙 씨는 조영래·홍성우·이상수 변호사 등의 도움을 받아 같은 해 7월 3일 문귀동 경장을 강제추행 혐의로 고소했다. 그러자 공안 당국은 권씨를 공문서 변조 및 동행사 등의 혐의로 구속기소했고, 문 경장은 권씨를 명예훼손 혐의로 맞고소했다. 결국 검찰은 문귀동 경장을 불기소 처분했다. 오히려 피해자였던 권인숙 씨는 1986년 12월 1일 법원에서 징역 1년 6월을 선고받았다. 이 사건은 1987년 6월 항쟁 이후 재수사가 이뤄져 문귀동 경장은 1989년 6월 징역 5년을 선고받고 파면됐다.

"나는 한 개인이기를 거부했다. 개인이라는 단위에 침몰하면 할수록 나는 점점 왜소해지고 다만 성고문을 당한 피해자로 남을 뿐이었기 때문이다."

(권인숙, 《하나의 벽을 넘어서》 중)

국민의 정치적 무관심을 유도하다

"국민을 다스리는 방법은, 빵과 서커스만 있으면 된다."
— 아돌프 히틀러

독재정권이나 부패정권과 같이 국민의 지지를 받지 못하는 정권일수록 국민의 정치적 참여를 두려워한다. 국민이 정치에 참여할수록 정권을 유지하기 어렵기 때문이다. 특히 전두환 정권은 5·18 광주민주화운동 유혈 진압 등으로 정통성이 결여돼 있었다. 그래서 시민들의 정치적 관심이 높아지는 것을 두려워했다. 언론 통제도 이와 무관하지 않다. 국민의 알권리를 제한함으로써 시민들이 정치에 관심을 두지 않게 할 수 있어서다.

하지만 국민의 눈과 귀를 막는 것만으로는 부족했다. 전두환 정권은 시민들이 즐기고 눈을 돌릴 수 있는 정책들을 꺼냈다. 대표적인 사례가 3S 정책이다. 'Sex, Sports, Screen'의 앞 글자를 딴 정책으로, 시민들로 하여금 여기에 눈을 돌리게 함으로써 정치적 무관심을 유도하는 것을 말한다. 이 정책은 1945년 태평양전쟁이 끝난 후 미국이 일본을 점령할 당시 일본의 전체주의와 군국주의를 탈피하기 위해 실시했다.

전두환 정권은 집권 초기인 1982년 1월 5일 야간통행금지를 폐지했고, 두발자유화와 교복자율화 등 당시로선 파격적이라 할 수 있는 정책들을 내놨다. 특히 야간통행금지 폐지는 유흥업소의 활성화로 이어졌으며, 성 관련 산업이 급속도로 번창하는 계기가 됐다.

또한 1981년 88서울올림픽 유치에 성공한 데 이어 1982년 프로야구를 창설했고 이어서 축구와 씨름 등에도 프로팀을 만들었다. 특히 프로야구의 경우 지역연고제를 두어 지역감정(특히 호남과 영남)을 부추기는 역할도 일부 수행하도록 했다.

영화산업에 대해서도 이전에 비해 규제를 완화했다. 이때부터 무분별한 에로영화가 극장가를 휩쓸었다. 1982년 개봉한 〈애마부인〉이 대표적이다. 1982년의 경우 극장 개봉작 56편 가운데 35편이 에로영화였을 정도다. 서울아시안게임이 개최된 1986년에는 정부가 일시적으로 영화에 대한 규제를 일부 풀었다. 이는 아시안게임 동안 시위를 원천봉쇄하기 위한 것이란 지적을 받았다.

전두환 정권의 3S 정책은 유흥향락산업이 번창하고 이를 무대로 한 조직폭력배가 양산되는 악영향도 있었으나 영화 등 대중문화와 스포츠의 발전이라는 긍정적 효과를 얻기도 했다. 또한 국민의 정치적 무관심을 유도하려던 전두환 정권의 속내와는 달리 국민의 문화적 성숙이 이루어졌다. 이러한 문화적 성숙과 자유주의는 오히려 시민들의 민주화에 대한 열망으로 발전하게 됐다.

왜 박종철인가

앞서 살펴보았듯 전두환 정권 시절에는 수많은 인권 탄압과 강압적인 정치가 있었다. 그리고 끊임없는 민주화 투쟁이 이어졌다. 1985년 김근태 고문 사건, 1986년 권인숙 성고문 사건 등 잔혹한 인권 유린 사건도 있었다. 그럼에도 불구하고 왜 박종철 고문치사 사건이 6월 항쟁의 직접적인 계기가 됐고, 민주화의 시작점이었다는 평가를 받는가.

당시 국민 사이에서는 독재정권에 대한 불만과 불신이 커지고 있었다. 정부가 국민의 정치적 무관심을 유도하려 했지만 시민들의 민주화 열망은 줄어들지 않았다. 뭔가 하나 국민의 감정을 폭발시킬 기폭제가 필요했다. 그리고 국민은 한 청년의 억울한 죽음 앞에서 가슴에 품고 있던 민주화에 대한 열망을 터뜨리게 된 것이다.

국민의 감정이 폭발한 시점은 전두환 정권 말기인 1987년이다. 신군부가 쿠데타로 권력을 잡은 이후 7년간 참아왔던 시민들 사이에는 계속해서 침묵한다면 또다시 7년 혹은 더 긴 시간의 기다림이 필요할 것이라는 불안감이 있었다.

또한 우리나라는 1988년 서울올림픽이라는 세계적인 축제를 앞두고 있었다. 당시 전두환 대통령은 서울올림픽 유치를 자신의 최고 업적으로 여겼다. 하지만 이것은 오히려 전두환 정권의 발목을 잡는 역할을 했다. 올림픽을 앞두고 외신들이 한국의 정세에 깊은 관심을 보이고 있었던 것이다. 실제로 1987년 6월 25일 개스턴 시거 미국 국무부 동아시아태평양 담당 차관보는 출국 기자회견에서 "한국 내 사태에 군부가 개입할 것이라는 가능성을 믿지 않는다"라는 말로 미국의 입장을 전했다. 이러한 미국의 시선은 전두환 정권에 강한 압력으로 작용했을 것이다. 결국 전두환 대통령은 서울올림픽이라는 자신의 업적을 지키기 위해 국민의 민주화 요구를 수용하겠다는 6·29선언을 결정했다.

박종철 사건이 민주화의 도화선이 된 데에는 언론의 역할도 컸다. 당시 언론은 보도지침 등 전두환 정권의 통제로 제 역할을 수행하기 어려웠다. '김근태 고문 사건'과 '권인숙 성고문 사건'이 본격적으로 언론의 이슈가 된 것도 6월 항쟁 이후인 1988년인 것을 생각해보자. 박종철 사건도 중앙일보를 통해 기사화되지 않았다면 5공 시절의 여러 의문사 가운데 하나로 남았을지 모른다. 하지만 중앙일보를 통해 그의 죽음이 세상에 알려졌고, 동아일보가 이튿날 보도지침을 깨면서 전 언론이 추적 보도에 나섰다. 이후 사건의 축소와 은폐 등의 진상이 언론을 통해 알려지면서 국민들의 민주화 열망에 불을 지피는 역할을 했다.

박종철 사건이 없었거나 세상에 알려지지 않았더라도 언젠가는 우리도 민주화를 이룰 수 있었을 것이다. 아무리 독재정권이라 하더라도 시대의 흐름과 국민의 열망을 끝까지 외면할 수는 없기 때문이다. 그러나 전두환 정권이 4·13 호헌 조치를 통해 제5공화국 헌법에

따라 선거인단에 의한 간선제로 임기 7년의 차기 대통령을 선출하려
했음을 감안한다면 박종철 사건은 우리의 민주화를 적어도 몇 년은
앞당겼다고 볼 수 있다.

1987

4장
해외 사례로 본
박종철 사건의
의의

민주주의(democracy)의 어원은 고대 그리스어 'demokratia'로, 민중를 뜻하는 'demos'와 권력 또는 지배를 가리키는 'kratos'의 합성어다. 즉 '다수의 국민에 의한 지배'를 의미한다. 국가의 주권이 국민에게 있고, 국민을 위한 정치를 하는 것이 민주주의다. 하지만 동서고금을 막론하고 많은 나라들에서 민주주의가 제대로 이루어지지 않았다.

박종철 사건이 우리에게 중요하게 기억되는 이유는 한국 민주화의 초석을 다진 6월 항쟁의 출발점이었다는 데 있다. 하지만 나는 박종철 사건의 의의를 민주화 이외에도 다음의 세 가지에서 찾을 수 있다고 생각한다.

첫 번째는 언론사(言論史)적 의의다. 1987년 박종철 고문치사 사건 이전의 한국 언론은 전두환 정권의 통제 속에서 제 기능을 다하지 못했다. 당연히 보도 형태도 단순 사건 보도(정부의 보도지침을 지키는 형태의 보도)가 주를 이루고 있었다. 하지만 박종철 사건 이후에는 한국에서도 탐사보도 형태가 나타나기 시작했다. 전통적 의미의 탐사보도는 권력자나 권력집단의 숨겨진 비리를 파헤치는 보도 형태다. 정부의 보도 통제로 움츠러들었던 언론이 박종철 사건을 계기로 진실을 캐내기 위한 본격적인 탐사보도에 나섰던 것이다.

두 번째 의의는 국가 권력의 인권 유린행위에 지식인들과 시민들이 직접 맞섰다는 점이다. 박종철 사건 이전의 이승만 정권과 박정희 정권에서도 이런저런 인권 유린 논란은 있었다. 하지만 박종철 사건에 대한 언론과 시민들의 대응은 종전과는 사뭇 달랐다. 그 이전까지는 시민들과 언론이 대체로 인권 문제에 수동적이고 관망자적인 태도를 보였다. 많은 사람들이 '나에게는 일어나지 않는 일'이라거나 '남의 일에 끼어들면 손해'라는 생각에 애써 이를 외면해왔던 것이다.

박종철 사건 이후 지식인과 시민들이 태도를 바꾼 이유는 무엇일까? 공권력에 의해 억울하게 목숨을 잃은 젊은이가 우리 이웃의 평범한 대학생이었다. 내 자식, 내 형제도 그런 희생자가 될 수 있다는 불안감과 분노를 서로가 공유했기 때문이었을 것이다. 즉 인권 문제를 더 이상 남의 일만이 아닌 '내 일, 내 주변의 일'로 인식하게 됐다고 볼 수 있다. 대학교수와 변호사, 문인 등 지식인들이 목소리를 내기 시작했고, 시민들이 광장으로 나왔다. 실제로 박종철 사건 직후부터 신문사 사회부로 전화를 걸어온 독자들 가운데는 충격과 분노로 말을 잇지 못한 채 흐느끼기만 했던 어머니들이 많았다.

세 번째 의의는 박종철 사건이 민주화를 위한 시민운동으로 확산됐다는 점이다. 이전의 민주화운동은 대학생을 중심으로 한 학생운동에 머물렀다. 그러나 이 사건을 계기로 인권 문제에 대한 시민들의 시각이 크게 바뀌면서 그들 스스로 거리에 나왔던 것이다.

이 장에서는 해외의 유사한 몇 가지 사례들과 비교하면서 박종철 사건의 의의에 대해 살펴보려 한다.

탐사보도로 역사를 만들다 — 미국 워터게이트 사건

현대사회에서는 시민 개개인이 정치에 직접 참여하기 어렵다. 특히 국가나 행정기구, 의회 등을 직접 감시하고 자신의 의사를 전달하는 것은 사실상 불가능하다. 시민들은 국가에 대한 감시나 정치적 의사 표현은 다른 국가기관 또는 사회적 기구들에 맡길 수밖에 없다. 현대 사회에서 이러한 기능을 수행하는 사회적 기구 중 하나가 언론이다.

언론이 사회적 감시자로서의 기능을 얼마나 제대로 수행하는지에 따라서 사회는 변화한다. 만약 언론이 정권과 유착할 경우 그 사회는 죽은 사회다. 반대로 언론이 제대로 역할을 수행한다면 언론 보도는 국가나 정부의 정책 변화를 이끌어내고 때로는 역사의 물줄기를 바꾸기도 한다.

워싱턴포스트의 보도로 인해 워터게이트 사건이 세간의 주목을 끌게 되면서
닉슨 대통령과 그 측근을 궁지에 몰아넣었다(위).
워터게이트 사건을 보도한 밥 우드워드(아래 왼쪽)와 칼 번스타인 기자.

특히 역사를 바꾸는 보도는 탐사보도에서 많이 나온다. 미국의 탐사보도 역사를 연구한 펠드스타인(Feldstein, 2006)은 탐사보도의 핵심이 사실관계를 수집하는 방법이라며 일반 시민을 대신해 정치권과 행정부, 기업, 종교계의 권위에 도전하고 권력 남용에 반대하는 것을 탐사보도라고 정의했다("A Muckraking Model: Investigative Reporting Cycles in American History").

언론의 탐사보도는 정치나 정책의 잘못을 견제함으로써 민주주의를 지키고 또 발전시키는 데 기여해 왔다. 탐사보도는 미국의 워터게이트 사건과 베트남전 등을 거치며 정치·사회적 영향력을 인정받았다. 특히 워터게이트 사건은 언론이 현직 대통령의 사임을 이끌어낸 사건으로 대표적인 탐사보도 사례로 인정받고 있다.

워터게이트 사건은 1972년 2월 미국의 대통령 리처드 닉슨이 재선에 승리하기 위해 워싱턴DC의 워터게이트 빌딩에 있던 민주당 전국위원회 본부에 도청장치를 설치하려다가 발각된 사건이다. 사건의 초기에는 단순 주거 침입 정도로 인식됐으나 이후 백악관과 닉슨 대통령이 직접 개입된 정황이 드러나면서 상황이 바뀌었다. 1974년 상원 법사위원회에서 대통령 탄핵이 결정됐고, 탄핵안이 통과할 것이 확실해지자 닉슨이 스스로 사임했다. 이 사건으로 인해 닉슨은 미국 역사상 최초로 임기 중 사임한 대통령이 됐다.

워터게이트 사건의 시작과 진행 과정에서 언론이 중요한 역할을 수행했다. 워싱턴포스트의 밥 우드워드(Bob Woodward)와 칼 번스타인(Carl Bernstein)은 내부고발자인 딥 스로트[3]의 제보로 1972년 6월 워터게이트 빌딩에 들어갔다가 붙잡힌 다섯 명의 도둑들에게 흘러간 돈이 닉슨 대통령의 선거캠프 자금이었음을 특종으로 보도했다. 이 사건의 배후가 백악관이라는 사실이 드러났다. 사건 진행 과정에서 닉슨 대통령은 이를 은폐하려 했지만 허사였다. 진실을 밝히려는 언론의 끈질긴 추적이 있었기 때문이다.

워터게이트 사건과 박종철 사건은 언론이 탐사보도를 통해 진실을 밝히고, 새로운 역사를 열었다는 점에서 흡사하다.

박종철 고문치사 사건은 1987년 1월 15일 중앙일보 보도로 세상에 처음 알려졌다. 경찰은 이날 오후 첫 발표에서 고문 사실에 관해 언급하지 않고 박종철 군의 사인을 '쇼크사'로 발표했다. 조사관이 책상을 '탁' 치며 추궁하자 갑자기 '억' 하며 쓰러졌다는 것이다. 1월 15일 밤 박 군에 대한 부검이 끝난 뒤 경찰 수뇌부는 국립과학수사연구소 소속 부검의로부터 '경부 압박에 의한 질식사'라는 부검 소견을 보고받았다.

경찰은 그러나 다음 날 오전 치안본부장의 기자간담회를 통해 부검 소견을 설명하면서 가혹행위를 당하여 사망했다고 인정될 수 있

---

3 33년 만인 2005년 스스로 정체를 밝힌 '딥 스로트'는 사건 당시 미 연방수사국(FBI) 부국장 마크 펠트(Mark Felt)였다. 월간지 〈배니티페어(Vanity Fair)〉가 2005년 6월호에서 딥 스로트는 펠트라고 보도한 데 이어 펠트의 가족과 워싱턴포스트 측이 같은 해 5월 31일 각각 잡지 기사가 사실임을 공식 발표했다.

는 부분을 모조리 빼고 발표했다. 당시 치안본부장은 16일 오후 부검 의에게 3일 안으로 박종철 군의 사인을 심장쇼크사로 한 감정서를 작성하여 보고하도록 요구했다. 1월 17일 검찰이 물고문 혐의가 있다는 사실을 기자들에게 시인하자 경찰은 뒤늦게 수사에 나서 박 군을 고문해 숨지게 한 혐의로 경찰관 2명을 구속했다.

같은 해 5월 '박종철 사건의 진상이 조작되었다'는 천주교정의구현전국사제단의 성명 발표를 계기로 검찰이 재수사에 나서 고문에 가담했던 경찰관 3명을 추가 구속한 데 이어 범인 축소를 모의한 혐의로 이들의 상급자 3명도 구속했다. 1988년 1월에는 '치안본부장 등 경찰 수뇌들이 고문치사를 처음부터 알았다'는 부검의 일기가 동아일보에 공개되자 검찰은 사건 당시 경찰 최고 책임자였던 치안본부장을 직무유기와 직권남용 혐의로 구속했다.

공권력의 고문에 의한 한 대학생의 죽음이라는 충격적인 사건 발생과 경찰 상급자들의 고문 경관 축소 조작 모의 등은 언론의 추적 보도를 통해 세상에 알려졌다. 또 사건 초기 박종철 군의 사체를 처음 검안한 의사의[4] 인터뷰를 통해 조사실 바닥에 물기가 많았다는 것 등을 강조하며 물고문 가능성을 제기한 것도 언론이었다.

미국의 워터게이트 사건과 한국의 박종철 고문치사 사건은 언론

---

4 당시 중앙대 부속병원 의사였던 오연상 씨가 사건 직후 서울 남영동의 치안본부 대공수사단 조사실에서 박종철 군의 사체를 검안했다.

이 탐사보도를 통해 진실을 밝혔다는 점에서 그 의의가 크다. 특히 박
종철 사건의 경우 언론 자유를 옥죄던 보도지침을 무너뜨리면서 본
격적인 국내 탐사보도의 문을 열었다.

워터게이트 사건의 수사를 맡은 아치볼드 콕스(Archibald Cox) 특별
검사는 하버드대 법학 교수 출신이다. 그는 1973년 5월 특별검사로
임명됐다. 당시 상원은 워터게이트위원회를 만들어 청문회를 열었
고, 이는 TV로 생중계됐다. 그해 7월 13일 청문회에 나온 리처드 닉
슨 대통령의 부보좌관 알렉산더 버터필드는 "1971년부터 대통령 집
무실에서 이뤄진 모든 대화를 녹음했다"고 증언했다.

이에 따라 콕스 특별검사는 대통령이 도청 사실을 알고 있었는지
밝혀내기 위해 백악관에 녹음 테이프 제출을 요구했다. 그러나 백악
관은 국가기밀이라는 이유로 이를 거부했다. 1973년 10월 닉슨 대통
령은 엘리엇 리처드슨(Elliot Richardson) 법무장관에게 콕스의 해임을
지시했다. 리처드슨 장관은 이를 거부하고 자리에서 물러났다. 그는
닉슨에게 보낸 사직서에 다음과 같이 썼다.

"저는 콕스를 임명하면서 의회에 '특별검사의 독립성을 보장하겠
다'고 다짐했습니다. 그 약속을 어길 수는 없습니다."

닉슨은 윌리엄 러클셔스(William Rucklshaus) 법무부 차관에게 같은
지시를 내렸다. 그도 자리에서 사임하자 닉슨은 법무부 송무실장 로
버트 보크(Robert Bork)를 통해 콕스를 해임했다. 토요일인 10월 20일
있었던 일이다. 당시 언론은 이를 '토요일 밤의 대학살(saturday night

massacre)'이라 불렀다.

뒤이어 특별검사로 임명된 레온 자워스키(Leon Jaworski)는 법원에서 '녹음 테이프를 제출하라'는 결정을 받아냈다. 그럼에도 닉슨은 물러서지 않고 연방대법원에 상고했다. 결국 1974년 7월 24일 연방대법원은 전원일치 의견으로 테이프를 제출하라고 명령했다. 보름 후인 8월 8일 닉슨은 의회의 탄핵 압박 속에 사임을 발표하기에 이르렀다.

박종철 사건 진행 과정에서도 대학교수, 성직자, 변호사, 문인 등이 중요한 역할을 했다. 이 사건 직후부터 대학교수들과 문인들이 잇따라 시국성명을 냈고 종교인들은 단식기도에 들어갔다. 특히 박종철 사건의 진상이 조작되었다는 천주교정의구현전국사제단의 성명은 검찰을 재수사에 나서게 하는 계기가 됐다. 대한변호사협회는 이에 대한 진상조사를 벌였다.

군부의 인권 탄압에 맞서다 ─ 프랑스 드레퓌스 사건

1979년 12·12 및 1980년 5·17 쿠데타로 정권을 장악한 전두환 신군부는 정권의 정당성과 정통성이 없었다. 이미 유신체제를 경험했던 시민들은 군부의 등장에 반대하며 민주화에 대한 목소리를 키웠다. 하지만 신군부는 정권을 잡기 위해 언론을 통제하고, 자신들의 집권에 장애가 되는 인사들에 대한 인권 탄압에 나섰다. 전두환 정권은 집권 후에도 정권 유지를 위해 언론 통제의 고삐를 늦추지 않았고, 다양한 형태로 인권을 억눌렀다.

역사적으로 국가나 권력을 장악한 집단은 자신들의 이익을 유지하기 위해서 비일비재하게 사실을 날조하거나 은폐했다. 누구라도 자신들에게 반대 목소리를 내거나 진실을 말한다면 가차 없는 탄압의 대상이 됐다.

이런 권력집단의 대표적인 인권 탄압 사례 가운데 하나가 프랑스의 '드레퓌스 사건'이다. 1894년 10월 프랑스의 참모본부 정보국은 파리 주재 독일대사관이 간첩행위를 하고 있다고 의심했다. 이를 확인하기 위해 정보국은 독일대사관의 우편함에서 편지 한 장을 훔쳤다. 편지 수취인은 독일대사관 무관인 슈바르츠코펜이었고 발신인은 익명이었다. 내용물은 프랑스 육군 기밀 관련 자료의 목록이었다.

프랑스 참모본부는 문제의 편지 필체가 당시 프랑스 참모본부에서 근무하던 대위 알프레드 드레퓌스의 것과 비슷하다고 판단했다. 참모본부는 그를 간첩 혐의로 체포했다. 드레퓌스는 유대인이었고, 당시 유럽사회에는 반(反)유대주의가 팽배했다. 드레퓌스가 유대인이란 점이 그를 간첩으로 지목하는 데 큰 영향을 미쳤다.

드레퓌스는 '반역죄'로 재판에 회부됐으며 1894년 12월 군사법정의 비밀 재판에서 종신형을 선고받았다. 당시의 주류 신문들은 온갖 날조된 혐의와 추측 기사로 그를 모함했다. 그렇게 사람들은 드레퓌스가 간첩행위를 했다는 발표와 보도를 사실로 받아들였다.

1896년 3월, 드레퓌스 사건은 전환점을 맞았다. 참모본부 정보국의 조르주 피카르 중령이 다른 간첩 사건을 조사하다가 드레퓌스를 간첩으로 몰았던 '편지'의 필적이 보병 대대장인 에스테라지 소령의 것임을 알게 된 것이다. 그는 이 사실을 상부에 보고한 뒤 에스테라지를 체포하고 드레퓌스에 대한 재판을 다시 열어야 한다고 주장했다. 하지만 참모본부 수뇌부는 진상 발표를 하지 않고 이를 숨기려 했다.

드레퓌스 가족은 1897년 11월 진범으로 지목된 에스테라지 소령을 고발했다. 그러나 프랑스 군부는 형식적인 신문과 재판을 거쳐 그에게 무죄를 선고했다. 이 사건을 놓고 프랑스 사회는 국수주의자와 진보세력으로 나뉘어 갈등을 겪었다.

작가 에밀 졸라는 1898년 1월 13일자 〈로로르〉지에 '나는 고발한다'라는 제목으로 대통령에게 보내는 공개장 형식의 글을 기고했다. 에밀 졸라는 이 글에서 드레퓌스의 결백과 에스테라지의 유죄에 대해 언급하며 다음과 같이 썼다.

"드레퓌스는 정의롭지 못한 힘에 의해 자유를 빼앗긴 평범한 시민입니다. 전 프랑스 앞에서, 전 세계 앞에서 나는 그가 무죄라고 맹세합니다. 나의 40년간의 역작, 그 역작으로 얻은 권위와 명성을 걸겠습니다. 그가 무죄가 아니라면 내 전 작품이 소멸되어도 좋습니다."[5]

---

5 《시사상식사전》, 박문각.

에밀 졸라가 〈로로르〉에 게재한 '나는 고발한다' 라는 제목의 기고문(위).
그는 이 기고문에서 "진실은 묻혀버리지 않는다. 진실은 지하에 묻히면 스스로 자라난다.
마침내 자라난 진실은 무서운 폭발력을 얻는다"고 주장했다.
아래는 1895년 1월 13일자 〈르 프티 주르날〉에 실린 앙리 메예의 드레퓌스 군적 박탈식 그림.

에밀 졸라는 이 글로 군법회의를 중상모략했다는 이유로 기소된 뒤 징역 1년을 선고받고 항소 중 영국으로 망명했다. 이 사건 이후 '드레퓌스주의자'들의 반정부 투쟁이 전개됐다. 1898년 8월, 처음부터 드레퓌스 사건을 날조하고 증거서류까지 조작했던 앙리 중령이 자신의 죄를 인정하며 스스로 목숨을 끊었다. 이후 지식인들의 끈질긴 요구로 1904년에 재심이 청구됐고, 1906년 최고재판소의 판결로 드레퓌스의 무죄가 확정됐다. 이 사건 이후 프랑스는 공화정의 기반을 다졌으며 정계는 민주적 방향으로 재편됐다.

드레퓌스 사건은 국가의 권력집단이 권력과 기득권을 유지하기 위해 만행을 저지를 경우의 폐해를 단적으로 보여줬다. 당시 지식인들이 권력집단의 인권 탄압에 맞섰으며, 이러한 노력은 시민들의 반정부 투쟁으로 발전했다.

전두환 정권은 집권 초기부터 권력을 앞세워 수많은 희생자를 냈다. 전두환 정권의 폭력성은 5·18 광주민주화운동, 삼청교육대, 김근태 고문 사건 등으로 나타났고 박종철 사건으로 이어졌다. 특히 드레퓌스 사건에서 프랑스 군부가 사건의 진상을 숨기려 했던 것처럼 전두환 정권도 박종철 고문치사 사건에 대해 은폐 및 축소를 시도했다. 결국 이러한 정권의 진실 은폐·축소 시도는 야권과 학계, 종교계 등의 민주화운동으로 이어졌다.

드레퓌스 사건과 박종철 사건은 권력집단이 국민으로부터 위임받은 권력을 자신들의 이익을 위해 사용할 경우 그 결과가 어떤 것인지를 잘 보여주고 있다. 정권이나 권력집단이 권력 유지를 위해 진실을 왜곡하고 날조하더라도 진실은 지하에 묻히지 않고 세상에 알려지며, 진실을 숨기고 축소한 정권은 결국 국민의 심판을 받게 된다는 것이다.

한 청년의 죽음이 시민을 움직이다 ― 튀니지 재스민 혁명

민주주의 사회의 중심은 시민들이다. 그래서 정치도 시민들을 위한 것이어야 한다. 하지만 모든 정부가 시민 중심의 정치를 하지는 않는다. 세계 민주주의 역사를 보더라도 수많은 독재정권이 있었고, 이러한 독재정권에 맞서는 시민운동이 있었다. 민주주의의 발전은 몇몇 국가나 정부, 혹은 정치인에 의해 이루어진 것이 아니라 시민들의 힘으로 진전돼 왔다.

독재정권에 맞서며 민주화를 위해 움직였던 시민들의 힘은 세계 여러 나라의 민주화운동을 통해 찾아볼 수 있다. 1986년 마르코스 20년 독재정권을 퇴진시킨 필리핀의 민주화 시위, 1989년 체코슬로바키아 공산당 독재정권을 종식시킨 벨벳 혁명(Velvet Revolution), 2010년 12월 시작된 튀니지의 재스민 혁명(Jasmine Revolution)[6] 등이 그런 사례다.

---

6 재스민 혁명은 튀니지의 국화인 재스민에서 따온 이름이다.

독재자 벤 알리의 퇴진을 요구하며 거리로 나선 튀니지 민중들.

　특히 튀니지의 재스민 혁명은 아프리카 최초로 성공한 시민 민주
화운동으로 이후 아프리카 지역과 아랍권의 민주화운동을 촉발시키
는 계기가 된 것으로 평가받고 있다.

　2010년 튀니지는 벤 알리 대통령의 23년 장기 독재에다 높은 실업
률 등 만성적인 경기침체를 겪고 있었다. 더구나 세계적으로 식량 가
격이 폭등함에 따라 튀니지의 물가는 급등했고 청년 실업률은 56%
에 이를 정도였다. 이렇게 시민들은 극심한 경제난을 겪고 있었음에
도 정부의 지도층과 그 가족들은 부정부패를 일삼으며 막대한 부를
쌓았다. 이로 인해 튀니지 국민의 벤 알리 정권에 대한 불만은 극에
달해 있었다.

　이런 상황에서 한 청년의 죽음을 계기로 국민의 불만이 터져 나왔

다. 2010년 12월 17일 튀니지에서 26세의 한 청년이 분신자살을 시도했다. 그의 이름은 모하메드 부아지지. 야채가게를 운영하던 그는 경찰의 노점상 단속에 생존권의 위협을 받고 분신자살을 시도한 것이다. 이 장면을 그의 사촌동생이 촬영해 페이스북에 올렸고, 그 여파는 매우 컸다. 영상을 본 시민들은 분노했고, 분노는 시위로 바뀌었다. 2011년 1월 4일 부아지지가 숨지자 시민들의 시위는 더욱 확산됐다. 이에 벤 알리 대통령은 국가 비상사태를 선포하고 야간통행금지령과 함께 인터넷 검열이라는 초강수를 동원했다. 벤 알리 정권의 강압적인 대응에도 시민들의 시위는 날로 확산돼 1월 11일에는 수도인 튀니스까지 시위에 휘말렸다.

궁지에 몰린 벤 알리 대통령은 1월 13일 2014년 대선 불출마를 선언하고 내무장관 해임과 언론 자유의 확대 등 유화책을 꺼내들었다. 그럼에도 시민들의 시위 및 퇴진 압박은 더욱 거세졌다. 벤 알리 대통령은 1월 14일 시위 진압을 위해 군대에 실탄을 사용하도록 명령했다. 하지만 군대가 이를 거부하자 그는 사우디아라비아로 망명했다. 23년간의 독재정권이 붕괴된 순간이었다.

튀니지의 재스민 혁명은 한 청년의 죽음이 시민들의 민주화운동으로 이어졌고, 이로 인해 독재체제가 무너졌다는 점에서 박종철 고문치사 사건과 흡사하다. 또한 당시 정권이 언론 통제를 시도했던 점도 닮았다. 전두환 정권은 박종철 고문치사 사건의 은폐·축소를 시도하는 과정에서 언론 보도 통제에 나섰다. 하지만 언론의 추적 보도를 통해서 사건의 진상이 하나씩 밝혀지면서 민주화를 향한 시민들의 열망은 더욱 뜨거워졌다. 벤 알리 정권은 인터넷 검열로 자유로운 의사소통을 차단하려 했지만 튀니지 시민들은 SNS를 통해 시위 상황 등을 자국민에게는 물론 국경을 넘어 세계에 알렸다.

　지금까지 해외 유사 사례인 워터게이트 사건, 드레퓌스 사건, 재스민 혁명을 박종철 사건과 비교·분석해 보았다. 이들 사건의 공통점은 정당 사무실 절도, 군인 석방, 청년의 죽음 등 개인적인 문제가 정치 쟁점화되면서 사회적 이슈가 됐다는 것이다. 이러한 사회적 이슈에 대한 언론 보도나 SNS를 통해 정권 또는 권력집단의 진실 은폐와 비민주성이 드러나면서 민주화와 정권 교체로 이어졌다.

　또한 이들 사건의 진실 규명 과정에서 지식인들이 큰 역할을 했다. 워터게이트 사건에서는 아치볼드 콕스 특별검사와 엘리엇 리처드슨 법무장관 등이 권력의 압력에 굴하지 않음으로써 진실을 밝혀낼 수 있었다. 드레퓌스 사건에서도 작가 에밀 졸라가 신문 기고문을 통해 그의 결백함과 진상 규명을 촉구하면서 사회적 관심을 불러일으켰다. 박종철 사건 전개 과정에서는 대학교수와 변호사, 문인 등이 사건 직후부터 시국성명을 내고 민주화를 요구했다. 또 사제단이 '사건의 진상이 조작되었다'는 성명을 발표함으로써 검찰이 재수사에 나서게 하는 등 사건의 흐름을 바꾸기도 했다.

　앞서 본 대로 워터게이트 사건에서 미국의 유력 일간지인 워싱턴포스트가 진실을 밝히는 데 큰 역할을 했다. 또 드레퓌스 사건과 관련해 에밀 졸라가 '나는 고발한다'라는 글을 기고한 것 역시 로로르 신문이었다. 1987년 한국의 민주화 과정에서도 중앙일보와 동아일보 등 전통 매체인 신문들이 박종철 사건의 진실을 추적하고 시민들에게 알리는 주도적인 역할을 했다. 이에 비해 튀니지의 재스민 혁명 과정에서는 신문·방송에 대한 정부의 통제와 미디어 기술의 발달에 따라 SNS가 전통 매체 대신 그 역할을 했다.

5장

언론,
민주화의 도화선에
불을 댕기다

1980년대 우리나라 언론은 국민의 여론을 전달하고 사회의 실상을 보도하는 역할을 올곧게 수행하지 못했다. 80년대 언론은 '땡전뉴스' '권언유착' '언론통제' 등과 같이 부정적인 말로 대변된다. '땡전뉴스'는 TV에서 저녁 9시를 알리는 '땡' 소리가 울리자마자 "전두환 대통령은 오늘"이라는 말로 시작되는 대통령 관련 뉴스를 내보내던 것을 비꼰 말이다. 여기에는 당시 언론을 바라보는 국민의 시각이 그대로 담겨 있다.

그럼에도 불구하고 1987년 6월 항쟁과 6·29선언 등 한국 민주화 과정에서 언론의 역할을 빼놓을 수 없다. 중앙일보의 박종철 사건 첫 보도 이후 동아일보를 비롯한 각 신문사들은 정부의 보도지침에도 불구하고 일제히 박종철 사건을 보도하기 시작했다.

이 장에서는 민주화 항쟁의 시발점이 된 박종철 사건을 기사화함으로써 민주화의 도화선 역할을 수행했던 언론의 모습을 살펴볼 것이다.

제 기능을 상실한 언론

1986년 9월 월간 〈말〉지가 폭로한 '보도지침'은 전두환 정권의 언론 탄압 실상을 생생하게 보여주었다. 〈말〉지는 당시 문화공보부가 1985년 10월부터 1986년 8월까지 언론사에 내린 584건의 보도지침을 게재했다. 보도지침은 거의 매일 언론사에 전달됐으며, 매우 상세했다. 〈말〉지에 실린 보도지침 내용 몇 가지를 간추려 보았다.

"김근태 출신배경 반드시 넣을 것"

10.29 ▲ 검찰이 발표한 민주화추진위원회 이적행위 관계.

　　　　1. 꼭 1면 톱기사로 써줄 것.

　　　　2. 주모자인 김근태 가족의 월북상황, 출신배경 등 신상에
　　　　　 관한 기사가 연합통신 기사로 자세하게 나올 것이니 꼭
　　　　　 박스기사로 취급할 것.

　　　　3. 해설기사도 요망.

"'군부 집권 가능성 20%' 보도하지 말 것"

11.1 ▲ 보안사, 간첩 사건 발표, 크게 보도 요망.

▲ 오늘 하오 6연패한 기능올림픽 대표단 개선, 눈에 띄게 보도 요망.

▲ 미국의 사설 정보자문기관인 프로스트&설리번에서 10월 29일 〈한국정치문제분석〉 발표.

1. 향후 18개월간 쿠데타 가능성 : 15%

   현 정권 집권 가능성 : 65%

2. 현 정권이 교체될 경우

   노태우 집권 가능성 : 50%

   야당 집권 가능성 : 30%

   군부 집권 가능성 : 20%

3. 정치 상황이 잘못될 경우, 88정권 교체 저해 가능성

   이상의 내용은 일체 보도하지 말 것.

▲ 오늘 있은 김대중, 김영삼, 이민우 등 3자 회동한 사진은 싣지 말도록.

"'고문' 일체 보도하지 말라"

11.5 ▲ NCC, '고문대책위' 구성 사실은 보도하지 말 것.

전두환 정권의 언론 통제는 이 같은 보도지침에만 그치지 않았다. 안기부나 보안사 요원들이 수시로 언론사에 드나들면서 정부의 입장을 전달하는 한편 언론사 동향도 감시했다.

1985년 11월 15일 국회 예결위원회에서 신민당 유준상 의원이 언론정책과 관련해 질의한 내용을 통해서도 전두환 정권의 언론 통제를 확인할 수 있다. 그는 "언론사 사장들이 수시로 청와대에 초치되고 언론대책위를 구성했다. 각 언론사에는 문공부·안기부·보안사 요원이 상주하며, 홍보조정실에서 각 신문의 제목과 기사에 일일이 간섭하고 있다"고 따졌다. 물론 이와 관련해서도 홍보조정실은 '예결위원회에서 유준상(신민) 의원이 질의한 내용은 일체 보도하지 말 것. 특히 언론정책 관계는 보도하지 말 것'이라는 보도지침을 언론사에 내렸고, 결국 이 내용은 기사화되지 못했다.

또한 정부의 강력한 언론 통제 수단 가운데는 편집 책임자나 취재기자에 대한 연행 조사도 있었다. 보도 또는 논조가 마음에 들지 않으면 안기부나 보안사에서 담당 기자와 데스크, 편집 책임자를 임의로 연행해 조사했다. 남시욱 당시 동아일보 편집국장은 전두환 정권 시절 안기부와 보안사의 강압적인 언론 통제 상황을 이렇게 설명했다.

"신문사 편집국에는 문공부 홍보조정실 직원 등 정부 인사들이 거의 매일 들락거렸고 전화도 수시로 왔다. 박종철 사건 때의 압력은 평소에 비해 훨씬 강했다."

최우석 당시 중앙일보 편집국장도 "안기부나 홍보조정실 담당자

보도지침	해 설

85 년 10월

'농촌 파멸 직전' 보도하지 말 것

10. 19. ▲최근 연행. 억압사건에 관한 건.

① 김영삼, 이민우 민추협 사무실에서 기자회견.

② 이 회견에 합류하려던 김대중, 문익환, 송건호씨 등 재야 인사, 가택연금.

③ 이 회견과 관련한 미국무성 논평.

이상 3건은 일체 보도하지 말 것.

▲북한부주석 박성철, 유엔서 연설.

① 오늘 아침 조간 수준의 내용으로 하되 스케치성 기사는 보도하지 말 것.

② 박의 연설 중 △"남북대화, 유엔 동시 가입, 리셉션 취소" 등은 보도해도 좋음. △"한반도에서의 외세 추방, 정치·군사 동맹 가입 반대, 비핵지대 설치, 외채 해결기구 설립」 등은 보도하지 말 것.

※ 한국 특파원들과 일문일답 내용도 보도하지 말 것.

▲중공인 2명 대만 보낸 것, AFP보도 내용은 게재말 것. (18 일 인천서 보냄) 내일 외무부서 발표 예정.

▲국회관계.

① 김현수의원 (신민) 질문 중 △김근태 (「민주화운동청년연합」의장), 허인회 (고대 총학생회장) 등 고문행위 △광주의 흥기일에 이어 경원대의 송광영군 분신자살, 서울대 오정근의 의문의 자살 △ 을들어 농민 연 32회, 15,000명 시위, 이는 동학란 이래 최대 농민지향 △국민의 95%가 군부통치 아닌 문민통치 희망

이상의 내용은 보도하지 말 것.

② 신민선의원 (국민) 질문 중 △농촌 파멸명이 이농 (離農) 것. △ 「정부가 광부를 살이 의 내용은 보도하지 말 것.

10. 20. ▲대통령, 민속박물관, 현대미술관 시찰.

충실하게 보도해주기 바람.

▲기능올림픽 6연패.

특히 일본서 올린 쾌거이므로 크게 보도요망

▲한미무역마찰.

기사나 제목 냉정하게 다뤄줄 것. 가급적 1면 .으면 좋겠음. 내주에 브리핑 예정.

▲북한, 국회회담 (11월 초) 제의.

발표 때까지 보도하지 말 것.

▲민족중흥 동지회

고 박대통령 6주기 추모행사, 사회면에 크지 .지 않게) 보도할 것. 특히 '민족중흥 동지회 이나 제목은 빼지 말 것.

▲월드컵 축구 예선 1차 한·일전에서 승리해

6

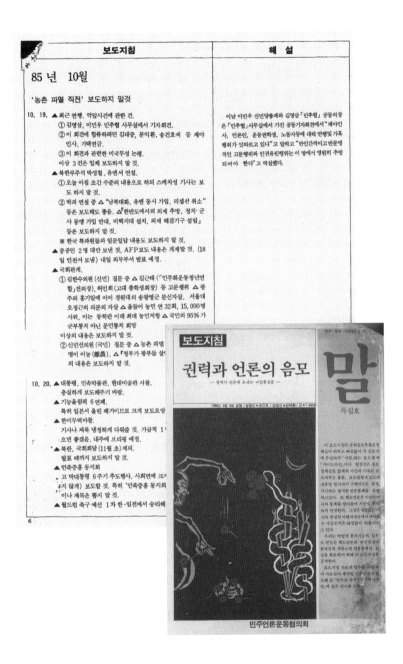

보도지침

권력과 언론의 음모
― 권력이 언론에 보내는 비밀통신문 ―

말
특집호

민주언론운동협의회

1985년 10월부터 1986년 8월까지 문화공보부가 각 언론사에 시달한
보도지침 584건을 폭로한 월간 〈말〉지 1986년 9월호.

들이 수시로 전화를 걸거나 찾아와 '(중앙일보에 대해) 안에서 말이 많다'며 자기들 내부 분위기를 전하면서 압박하기도 했다. 이들은 신문에서 준비 중인 특집기사나 편집국 인사 등에 관해 묻는 경우도 있었다"고 밝혔다. 당시 전두환 정권의 언론 통제가 얼마나 극심했는지 엿볼 수 있는 대목이다.

이와 같은 전두환 정권의 언론 통제로 언론 매체들은 권력집단에 대한 감시견 역할 등을 제대로 하지 못한 상태에서 1980년대를 보냈고, 그러한 상황에서 1987년을 맞이했다.

박종철 사건, 언론이 진실을 알리다

1987년 1월 14일 일어난 '박종철 고문치사 사건'은 수사기관의 고문에 의한 한 대학생의 죽음이라는 충격적인 사건이었다. 당시 상황은 정부의 언론 통제가 극에 달하는 시기이기도 했다. 이를 감안하면 언론이 이 사건의 진실을 파헤치는 게 결코 쉬운 일은 아니었다. 1986년 발생한 '권인숙 성고문 사건'의 경우 언론이 정부의 보도지침에 따라 이를 축소 보도했다.

그러나 박종철 사건에 대한 언론의 대응은 그 이전과는 확연하게 달랐다. 사건의 발생과 경찰 상급자들의 고문 경관 축소 조작 모의 등은 언론의 보도를 통해 세상에 알려졌다. 또한 사건 초기 사체를 처음

검안한 의사인 오연상 씨의 조사실 현장 상황에 대한 인터뷰를 통해 물고문 가능성을 제기한 것도 언론이었다.

즉, 박종철 사건의 진실들이 이전 사건과는 달리 언론에 의해 세상에 알려졌다. 보도지침 등 정권의 언론 통제에 묶여 국민의 신뢰를 받지 못하던 언론이 움직이기 시작한 것이다.

이런 상황에서 보도지침을 처음으로 깬 것은 동아일보였다. 특종을 중앙일보에 뺏긴 동아일보는 1월 16일자로 부산·대구·광주 등지에 배달되는 지방판에 박종철 사망 관련 기사를 키웠다. 다음 날인 1월 16일자 서울시내 석간 가판부터는 사회면 중간 톱으로 크게 보도했다. 남시욱 당시 동아일보 편집국장은 그때의 상황을 자신의 저서 《체험적 기자론》에서 이렇게 밝혔다.

1987년 1월 15일 오후 사무실에 배달돼 온 중앙일보 사회면의 박종철 사건에 관한 기사를 읽고 당장 이를 취재해 지방판에 실으라고 추궁조로 명령을 내렸다. … 경찰 담당 책임자의 보고로는 중앙일보의 기사가 경찰이 아닌 검찰에서 나왔다는 것이었다. 어디에서 나갔건 자세히 취재하라고 거듭 지시했다. 다행히 지방판에 훨씬 충실한 내용의 기사가 중간 톱인가, 4단인가에 하여간 큼직하게 나갔다. 고문의 혐의가 있다는 내용도 들어갔다. 이 기사는 그 이튿날 서울시내 가판부터는 더욱 충실하게 보완되어 대대적으로 보도되었다. 놀란 것은 우선 정부 당국이고, 다음으로는 다른 신문들이었다. 전날

박종철 고문치사 사건 특종을 중앙일보에 뺏긴 동아일보는 1987년 1월 16일 정부의
보도지침을 깨고 이 사건 기사를 사회면 중간톱으로 크게 보도했다.

제 1보를 작게 실은 중앙일보조차 이날은 아무런 속보를 싣지 않았다. 이 사건은 이날부터 날마다 세상을 놀라게 하는 방향으로 발전되어 갔다. (415~416쪽)

정부는 이런 동아일보에 대해 압력을 가하기 시작했다. 남시욱 전 편집국장은 "압력은 여러 갈래로 들어왔다. 안기부, 문공부, 청와대, 검찰이 총동원되었다"고 말했다. 그는 "정부와 언론과의 창구 역할을 하는 것이 문공부 홍보조정실이었으므로 먼저 이곳에서 박 군 사건은 정부 발표에 따라 처리해 달라고 요청해 왔다"며 "물론 점잖게 거부했다. 이렇게 되면 안기부 언론팀이 개입하게 된다"고 설명했다. 이러한 정부의 보도지침과 압력으로 박종철 사건 보도는 1월 17일자 조간신문까지 사회면 기사로 다뤄졌다.

그러나 1월 17일 석간 동아일보는 1면에 '대학생 조사 중 사망 사건 신민 임시국회 요구키로'라는 제목의 4단 기사를 게재했다. 사회면(7면)에는 '수사경관 2명 검찰 소환방침'이란 제목의 2단 기사를 실었다. 중앙일보는 같은 날 1면에 '서울대생 변사관련 신민 임시국회 요구'라는 제목의 4단 기사를, 사회면(7면)에는 '수사경관 신병확보 내주 중에 소환조사'라는 제목의 4단 기사를 각각 게재했다.

사회면 기사에서 1면 톱기사가 되다

박 군 사건에 대한 동아일보와 중앙일보의 1월 17일자 사회면 기사의 크기는 두 신문의 전날 보도 태도와는 반대였다. 16일자에 '대학생 경찰 조사받다 사망'이란 제목을 붙여 사회면 중간톱으로 보도했던 동아일보는 17일 이 사건 관련 기사를 사회면 2단 크기로 보도했다. 반면 16일자에서 '고문 밝혀지면 관련(자) 전원 구속'이란 제목의 사회면 4단으로 이를 보도한 중앙일보는 17일자 사회면에 관련 기사를 4단으로 실었다.

이는 당시 신문사들의 '치고 빠지기' 식 보도 방식이었다. 사건을 터트린 중앙일보가 1월 16일 소극적인 보도 태도를 보인 것이나 보도지침을 깨고 1월 16일 기사를 크게 썼던 동아일보가 다음 날 기사 크기를 줄인 것이 이런 경우다.

이와 관련해 최우석 당시 중앙일보 편집국장은 다음과 같이 말했다.

신문이 인쇄되기 전에는 주로 문공부 홍보조정실에서 연락이 왔다. 어떤 것은 '보도하지 말라', 어떤 것은 '작게 써라', 어떤 것은 '1면에 보도하지 말라'는 식으로 요구했다. 그러다 경쟁지가 보도지침보다 기사를 더 키웠으면 이를 핑계로 다음 판에 기사를 키우기도 했다.

박종철 고문치사 사건은 1월 15일 중앙일보에 첫 보도되고 정구영 서울지검장이 17일 오후 물고문 혐의를 인정하자 18일 조간과 19일 석간 신문 1면을 장식하게 됐다.

처음부터 보도지침보다 기사를 키웠다가 신문이 나간 뒤 연락이 오면 단수를 줄여준 경우도 있었다. 신문이 나가면 홍보조정실은 물론 청와대, 안기부 등 곳곳에서 연락이 왔다.

그 무렵 석간인 동아일보와 중앙일보, 조간인 조선일보와 한국일보 등 4개 신문 편집국장들은 서로가 일종의 동지의식 같은 것을 느꼈다. 이 때문에 정부가 무리한 요구를 해오면 서로 논의해 이를 함께 거부하기도 했다. (2012년 5월 23일 필자와의 인터뷰)

사건 초기 동아일보는 사회부에 특별취재팀을 구성해 본격적인 취재에 들어갔다. 남시욱 당시 편집국장은 "사건 보도를 진두지휘하기로 결심하고 사건의 진상을 끝까지 파헤치도록 당부하면서 특별취재팀을 구성해 종합적인 사건 취재와 고문에 관한 특집기획을 싣도록 했다"고 밝혔다. 그는 "사건 발생 며칠 후 박 군 사건을 여러 각도에서 다룬 대형 특집이 스트레이트 기사들과 함께 왕창 나가 세상을 깜짝 놀라게 했다. 신문이 나간 후 나는 사우나탕으로 사라졌다"며 "사무실에 있으면 기사를 빼거나 줄여달라는 압력 전화로 전화통이 불이 나기 때문"이라고 말했다. (《체험적 기자론》, 416쪽)

첫 보도 이틀 후인 1987년 1월 17일 오후 5시 무렵 정구영 서울지검장이 기자들과 만난 자리에서 물고문 혐의를 인정하는 발언을 했다. 이날 석간신문 지방판과 다음 날 주요 조간신문들은 이를 1면 톱기사로 보도했다. 사회면 2단 기사로 출발한 박종철 사건이 사흘 만에 1면 톱기사로 커진 것이다. 첫 보도 이후 언론사에 내려졌던 이 사건 관련 보도지침이 무너진 순간이기도 했다. 이때부터 언론들은 박종철 사건에 대한 기사들을 경쟁적으로 쏟아냈다.

정부의 강압에 맞서다

박종철 사건에 대한 보도지침이 무너졌다고 해서 정부의 언론 통제가 사라진 것은 아니었다. 이 사건에 대한 보도 비중이 커지고 분노한 대학생들과 시민들이 거리로 나서자 정부의 언론 통제는 보다 노골적이었고 그 방법도 다양해졌다.

동아일보는 1월 19일 1면부터 사회면까지 5개 면을 박종철 사건 사실 규명과 고문 추방 캠페인 등 관련 기사로 채웠다. 이날 신문에는 남시욱 편집국장의 지시로 박 군 고문 장면을 묘사한 서양식 일러스트레이션이 지면에 처음으로 등장했다. 그러나 이 삽화는 당국의 압박으로 2판부터 빠졌다. 홍인근 당시 부국장은 당국의 홍보조정관들이 "조간신문들이 삽화를 따라간다고 한다"며 압박을 가했다고 밝혔다.

박종철 사건과 관련해 정부 인사들이 최초로 압력을 가한 언론사는 이를 처음 보도한 중앙일보였다. 금창태 당시 중앙일보 편집국장 대리는 "첫 보도 직후인 1987년 1월 15일 오후 문공부 홍보조정실 담당자가 전화를 걸어 기사를 빼라고 했다"며 "비록 2단이지만 사실이게 톱기사인데 이를 어떻게 빼느냐고 단호하게 버텼다. 그랬더니 그쪽에서 욕설을 퍼붓더라"고 밝혔다. 이날 오후 3~4시 무렵 강민창 치안본부장은 이두석 중앙일보 사회부장에게 전화를 걸어 '고문치사'가 아니라 '변사'라고 강변하면서 '오보'에 책임지라고 압박했다.

언론에 대한 보도 통제는 범정부적으로 이뤄졌다. 장세동 안기부장이 언론사 편집·보도국장을 불러 정부 발표 내용만 쓰도록 요구하기도 했다. 이에 대해 남시욱 전 동아일보 편집국장은 《체험적 기자론》에서 다음과 같이 밝혔다.

사건의 첫 보도가 나간 약 일주일 후로 기억되는데 당시 안기부장이던 C씨(장세동씨를 지칭)가 각사 편집국장들을 저녁식사에 초대한 다음 박종철 사건은 이제 정부 당국의 발표가 있기 전까지는 신문에서 거론하지 말아달라고 요청했다. 그의 말씨는 대단히 부드러웠지만 그 자리의 분위기는 무겁고, 어떤 순간에는 위협적으로 느껴지기도 했다. 이에 대해 좌중에서 아무도 이렇다 저렇다 말을 안 했다. 곤란해진 것은 필자였다. 아무 말도 안 하는 것은 묵시적인 동의로 여겨질 수 있기 때문이다. 지금 이 자리에서 필자까지 아무 대꾸도 않고 있다가 그 이튿날에도 계속 기사를 내보낸다면 그것은 언론인으로서 비겁한 일이 된다. 한참 궁리 끝에 필자는 "사건 보도를 갑자기 뚝 그친다면 그것은 도리어 이상한 일이므로 당분간은 속보를 안 쓸 수가 없지요"라고 밝혔다. 그랬더니 이번에는 저쪽에서 아무 대꾸가

없어 그런대로 이쪽의 의사는 분명히 한 셈이다. *(418쪽)*

언론, 6월을 이야기하다

신문들은 6월 10일의 '박종철 고문살인 은폐조작 규탄 및 호헌철폐 범국민대회'를 전후해 시위와 집회가 전국으로 확산하자 이에 관해 집중 보도했다. 그러자 언론에 대한 정부의 불만은 극에 달했다. 최우석 당시 중앙일보 편집국장은 이 무렵 전두환 대통령이 저녁식사 자리에서 신문을 집어던졌다는 일화를 소개했다.

전국적으로 시위가 계속되던 6월이었던 것으로 기억한다. 전두환 대통령이 청와대에서 저녁식사를 하며 신문을 보다가 '신문이 왜 이따위냐'며 중앙일보를 집어던졌다는 말이 전해졌다. 이 때문에 회사에 비상이 걸렸다. 곧바로 다른 신문들의 관련 기사와 중앙일보 기사를 날짜별로 비교할 수 있게 내부 보고 자료를 만들었다. 다른 신문들과 비교할 때 중앙일보 보도 내용이나 기사의 크기 등이 별다른 차이가 없다는 것을 회사 윗분들에게 확인시켜주기 위한 것이었다. *(2012년 5월 23일 필자와의 인터뷰)*

전두환 대통령이 이 시기 언론 보도에 강한 불만을 표시했다는 것은 김성익 전 청와대 공보비서관이 쓴 회의기록에도 나타나 있다. 전 대통령은 1987년 6월 16일 저녁 6시 30분 이한기 총리서리 등 국무위원 전부를 부부 동반으로 청와대에 초청해 저녁식사를 함께했다. 그는 이 자리에서 "언론이 진정한 의미에서 나라 장래를 위한다면 정론을 써야지 삐라를 써서는 안 돼요"라고 말했다. (《전두환 육성증언》, 404쪽)

하지만 더 이상 언론은 정권의 편이 아니었다. 전두환 정권 내내 통제를 받던 언론은 시민들의 6월 이야기를 사실대로 보도하기 시작했다.

한국의 1987년 민주화 과정에서 언론의 역할에 대한 평가가 엇갈린다. 서중석 성균관대 명예교수는 6월 항쟁을 기술하면서 "한 신문의 쇼크사 보도 등 일부 언론에서 사실을 추궁하고, 경찰 협박을 뿌리치고 한 법의학자가 질식사로 소견을 밝히자 당국은 물고문 사망을 인정하지 않을 수 없게 됐다. 결국 고문치사를 했다는 경관을 구속하기에 이르렀다"고 당시 언론의 역할을 매우 간략하게 언급했다.

이에 비해 최장집 고려대 명예교수는 6·29선언이 권위주의가 종결되고 민주주의로의 이행이 시작된 역사적 계기였다며 "6·29선언을 가져온 6월 민주항쟁은 학생이 주도하고 이른바 '넥타이 부대'로 불리는 도시의 신중산층이 대대적으로 가세한 대규모 민주화 투쟁이었다"고 규정했다. 그는 이러한 민주화 과정에서 언론의 역할이 지대했다고 평가했다. 당시 언론의 역할에 대해 그는 《한국 민주주의의 조건과 전망》(1996)에서 다음과 같이 말했다.

언론은 … 한국 현대정치사의 결정적 계기에서 지대한 역할을 수행해 왔다. 이것은 언론의 비판적 기능이 얼마나 중요한가를 보여주는 예증이다. 1987년 6월 항쟁과 군부 권위주의의 해체를 가져오는 데도 역시 양심적이고 비판적인 언론의 역할은 커다란 기여를 하였다. (368쪽)

남시욱 전 동아일보 편집국장은 6월 항쟁 과정에서 언론의 기여를 인정하지 않는 것은 역사 왜곡이라고 주장했다. 그는 언론 보도가 없었다면 박종철 사건의 진상이 덮였을지 모른다며 2004년 〈신동아〉 3월호에 다음과 같이 썼다.

비록 가정이긴 하나 중앙일보의 첫 보도가 없었다면 박종철 사건은 어떻게 되었을까. 중앙일보의 보도가 없었더라도 이 사건이 세상에 드러나 뜨거운 취재 경쟁이 벌어졌을까.
경찰은 당초 박 군의 사인을 쇼크사라고 검찰에 보고했다. 진상규명의 열쇠가 검찰 손에 넘어간 것이다. 그러나 당시는 검찰이 이 사건의 진상을 밝혀냈을지 아무도 자신 있게 말할 수 없는 시대였다. 당시의 검찰을 믿을 수 없는 것은 우선 검찰이 직접 수사에 나서지 않고, 사건 당사자인 경찰에 수사를 맡겼기 때문이다. 고양이에게 생선가게를 맡긴 꼴이다. 검찰의 이러한 소극적 태도는 이후 범인 축소 조작 사건으로 나타났다. 검찰은 경찰의 범인 축소 조작 사실

박종철 사건 취재와 발전 과정

박종철 고문치사 사건	1987년 1월 15일 중앙일보의 특종 보도로 세상에 알려짐. 1	사회면 2단에서 3일 만에 1면 머리기사 2
물고문 혐의 경관 2명 구속, 내무장관과 치안본부장 경질 3	천주교 사제단 폭로로 5월 다시 부활 / 고문경관 3명, 범인 축소 조작 간부 3명 추가 구속 4	5월 26일 국무총리와 안기부장, 부총리, 내무·재무·법무 장관, 검찰총장 교체 5
6월 항쟁 6·29 선언 6	1988년 1월 과학수사연구소 황적준 법의학 1과장 일기 공개 / 치안본부장 구속	

을 파악하고도 2개월 동안 가만히 있었다. 이는 명백한 직무유기
였다.

검찰은 5월 천주교정의구현전국사제단의 성명 발표로 이 사실이 만
천하에 폭로된 후에도 수사에 적극성을 보이지 않았다. 설사 검찰이
용기를 내어 자발적으로 고문치사 사건임을 밝혀냈다 하더라도 몇

몇 관련자가 처벌을 받았을 뿐, 치안본부장이 구속되고 국무총리가 사임하는 사태는 없었을 것이다.

중앙일보가 박 군이 죽은 바로 그 다음 날 신속하게 첫 보도를 하지 않았다면 사건의 진상이 비밀에 부쳐졌을지도 모른다는 것은 이미 설명한 그대로이다. 마찬가지로 만약 동아일보가 중앙일보에 첫 보도를 빼앗기지 않았다면 이 사건을 추적하는 일은 없었을지도 모른다. (500~515쪽)

KBS 〈20세기 한국 톱 10〉 제작팀은 1999년 1월 전·현직 언론인 12명으로 심사위원을 구성해 '매스컴 100년 한국의 특종 톱 10'을 선정했다. 한국기자상 취재보도 부문 수상작들과 언론학 전공 교수, 각 언론사에서 추천한 81편이 후보작에 올랐다. 심사 기준은 사회에 미친 영향력과 기자의 노력, 용기, 끈기, 문제의식, 시의성 등이었다.

이 과정을 거쳐 뽑힌 특종 톱 10에는 박종철 사건이 포함됐다. 특종 톱 10은 '시일야방성대곡'(황성신문 1905년 11월 20일), '박종철 고문 치사 보도'(중앙일보 1987년 1월 15일, 동아일보 1988년 1월 12일), '4·19 촉발'(조선일보 1960년 4월 19일), '노태우 전 대통령 비자금 파문'(동아일보 1995년 10월 20일), '개헌 순간의 생생한 보도'(MBC 1969년 9월 14일), '현대아파트 특혜분양 사건'(합동통신 1978년 6월 30일), '5·18 광주 상황일지'(경향신문 1988년 5월 17일), '김일성 북 주석 사망 첫 보도'(KBS 1995년), '보도지침 폭로'(말지 1986년 9월호), '월남 파병 단독 보도'(경향신문 1962년 5월 12일) 등이었다.

전두환 정권 말기였던 1987년 1월. 만약 박종철 사건에 대한 중앙 일보의 특종 보도가 없었다면, 또한 동아일보가 첫 보도를 중앙일보에 빼앗기지 않았다면 언론은 정권의 하수인으로 1980년대를 마감했을지 모른다. 하지만 정권의 압력에 굴하지 않고 언론은 추적 보도를 통해 국민에게 박종철 사건의 진상을 알렸으며, 이것이 1987년 6월 항쟁의 기폭제가 되었음은 자명한 사실이다.

6장

손바닥으로
하늘을 가릴 수는
없다

박종철 고문치사 사건이 벌어진 1987년은 임기를 1년 앞둔 전두환 정권에 중요한 한 해였다. 1986년부터 야권과 학생들이 지속적으로 개헌운동을 벌여왔고, 이에 시민들까지 동참하면서 그 어느 때보다 개헌에 대한 요구가 높아졌다. 신민당과 민주화추진협의회(민추협) 등은 1986년 2월부터 '직선제 개헌을 위한 1,000만인 개헌 서명운동'에 나섰다. 1986년 5월 3일 인천에서 열린 신민당개헌추진위원회 경기지부 결성대회에는 학생과 노동자 5,000명이 집결해 경찰과 충돌하는 소위 '5·3 인천사태'가 발생하기도 했다.

하지만 전두환 정권은 어떻게든 당시 헌법을 유지한 상태에서 노태우 민정당 대표에게 정권을 이양할 필요가 있었다. 그렇기에 전두환 정부의 민주화운동에 대한 강경 진압은 오히려 거세졌다. 이처럼 시민들의 민주화 요구와 이에 대한 전두환 정권의 탄압 수위가 동시에 고조되던 시점인 1987년 초 박종철 사건이 일어났다. 이 사건의 진상이 국민에게 알려질 경우 더 이상 여론을 잠재울 수 없다고 판단한 전두환 정권은 사건의 은폐를 시도했다.

한 젊은이의 죽음, 경찰이 은폐를 시도하다

"나는 종철이를 살리려고 의사를 부르고 병원으로 데려가고 정신이 없었다. 그런데 최종적으로 의사가 사망 판정을 내리고 사무실로 보고하러 돌아와 보니 이미 시나리오가 짜여 있더라. '탁' 치니 '억' 하고 죽었다는 시나리오는 여기서 나온 것이다."

수사과정에서 박종철 군을 고문한 혐의로 구속됐던 조한경 경위가 사건 발생 10여 년이 흐른 뒤 월간 〈신동아〉(2000년 1월호)와의 인터뷰에서 한 말이다. 당시 그는 자신을 주범으로 만든 시나리오를 서랍에 보관해두었다고 한다. 그 보고서에는 '네가 책임을 져라. 그래야만 사건이 해결된다'라는 내용 등이 들어 있었다. 즉, 그 행정보고서는 조한경 경위가 실제 주범이 아니라는 것을 밝혀줄 수 있는 결정적인 문서였던 것이다. 그러나 그 문서는 그가 구속된 후 사라졌다.

조한경 경위가 인터뷰에서 언급한 것처럼 경찰의 사건 은폐 시도는 박종철 군이 숨진 직후부터 시작됐다. 치안본부 대공수사2단 경찰관들은 1987년 1월 14일 박종철 군을 연행해 조사하던 중 이날 오전 11시쯤 물고문을 하다 박 군을 숨지게 했다. 사건 발생 20분 후인 오전 11시 20분쯤 대공수사2단 5과장 유정방 경정, 5과 2계장 박원택 경정은 현장 확인과 보고 등을 통해 고문치사 사실을 알게 됐다. 하지만 대공분실 수사관들의 사기가 떨어지고 수사 인력이 줄어 대공 수사 업무 처리에 어려움이 생길 것을 우려해 고문치사 사실을 숨기기로 공모했다(대법원 1995. 12. 26 선고 93도904 판결; 대법원 1991. 12. 27 선고 90도2801 판결).

검찰 수사에 따르면 박종철 군 사망 당일인 1987년 1월 14일 이미 사건에 대한 책임 문제와 진행 방향 등에 대한 시나리오가 짜여졌다. 그날 오후 5시쯤 치안본부 대공수사단 사무실에서 조한경 경위 등 고문 관련자 5명이 모여 사건 은폐와 책임 규명을 위한 '동행 피의자 변사사건 발생 보고서'를 작성한 것이다. 이때 이들 5명은 '조한경 경위가 주조사관으로, 강진규 경사가 부조사관으로 박종철을 신문하고 황정웅 경위와 반금곤 경장은 또 다른 연행자를 신문하던 중 박 군의 졸도사고가 발생한 것'으로 행정보고하기로 합의했던 것으로 밝혀졌다.

1월 14일 오후 6시부터 9시 사이 유정방 경정의 지시에 따라 박원택 경정이 박종철 군의 연행 시간, 연행 경위, 신문 내용, 사망 경위, 사인, 예상 문제점, 대책 등을 포함한 보고서를 작성해 상부에 보고했다. 다음 날인 1월 15일 오전 박원택 경정은 같은 사무실에 고문 경관 5명을 불러 모아놓고 앞으로 조사받을 경우에 대비해 전날 구두로 합의한 내용과 꾸며낸 보고서에 적힌 대로 조사받는 연습을 하도록 했다. 또 사망 경위도 조한경 경위와 강진규 경사가 조사하던 중 조 경위가 오른쪽 주먹으로 책상을 '탁' 치니 '억' 하는 신음소리를 내며 앞으로 넘어져 '쇼크사'한 것으로 진술하도록 지시했다.

중앙일보의 첫 보도 이후 경찰은 1월 15일 오후 6시쯤 공식 발표를 통해 박종철 군의 사망 사실을 시인했다. 이 발표에서 강민창 치안본 부장은 기자들에게 고문 사실을 숨긴 채 사망 경위를 '심장마비'로 설명했다. 또한 이 자리에 배석했던 치안본부 5차장 박처원 치안감 은 "책상을 '탁' 하고 쳤더니 '억' 하고 쓰러졌다"고 덧붙였다.

유족을 회유하고 시신 화장을 서두르다

경찰의 사건 은폐 시도는 고문 경관들의 진술에만 그치지 않았다. 우선 고문에 의한 사망이라는 사실이 드러나지 않으려면 시신을 빨 리 처리해야 했다. 이는 최환 당시 서울지검 공안부장의 증언에서도 나타난다.

"경찰은 1월 14일 사망한 박종철 군에 대해 그날 밤 곧바로 화장하 려 했다."

1월 14일 오후 7시 40분쯤 치안본부 대공수사단 소속 총경 및 경 정 계급의 두 경찰관이 박 군 변사사건 발생 보고 및 지휘품신서를 들 고 최환 공안부장실을 찾았다. 그들은 "유족과도 합의가 됐으니 오늘 밤 안으로 화장할 수 있게 지휘해달라"고 요구했다. 하지만 최환 공안부장은 젊은 청년이 '쇼크사' 했다는 것에 의심을 품고 "아들이 조사를 받다가 죽었다는데 당장 화장해서 유골 넘겨달라고 할 부모가 세상에 어디에 있겠느냐"며 이들을 돌려보냈다.

검찰의 지휘를 받기 위해 최환 공안부장을 찾기 전부터 경찰은 박종철 군의 시신을 화장하기 위해 박 군 부모와 합의를 진행하고 있었다. 박 군 부모는 1월 14일 오후 7시쯤 경찰로부터 아들의 사망 사실을 통보받고 부산에서 상경했다. 아버지 박정기 씨는 1월 15일 "아들이 신문을 받던 중 자신에게 불리한 내용이 나오자 충격을 받고 사망했다고 경찰로부터 들었다"고 언론에 밝혔다.(〈조선일보〉, 1987년 1월 16일자) 경찰의 사건 은폐가 진행되고 있었음을 알려주는 대목이다. 박정기 씨는 2012년 4월 13일 필자와의 전화 통화에서 사건 당일 경찰의 회유가 있었음을 인정했다.

"경찰 연락을 받고 병원으로 가 아들의 사체를 확인하고 나왔더니 경찰이 병원 1층의 숙직실 같은 곳으로 나를 데려갔다. 그곳에서 합의서에 서명하라고 했다."

경찰은 1987년 1월 15일 오후 1시쯤 유족에게 9,500만 원을 건네면서 일체의 민·형사상 문제를 거론하지 않기로 한다는 각서를 쓰게 했다.

경찰은 고문 사실이 드러날 것을 우려해 박종철 군에 대한 부검을 같은 내무부 소속인 국립과학수사연구소 의사의 집도로 경찰병원에서 실시하려 했다. 최환 당시 공안부장은 "법원에서 압수수색영장을 발부받아 경찰로부터 박 군의 사체를 넘겨받으려 했으나 치안본부가 부검에 반대하면서 인도하지 않으려는 바람에 부검이 늦어졌다"고 밝혔다.

부검은 우여곡절 끝에 1월 15일 밤 한양대 부속병원에서 실시됐다. 경찰이 경찰병원을 고수했지만 최환 공안부장이 "경찰에서 조사받다 죽은 사람의 부검을 경찰병원에서 하면 국민이 믿지 않을 것"이라고 반대해 한양대 부속병원에서 진행하게 된 것이다.

부검 결과 고문 사실이 드러났다. 부검의였던 국립과학수사연구소 법의학 1과장 황적준 박사는 부검 직후 '경부 압박에 의한 질식사일 가능성을 배제할 수 없다'는 취지의 부검 결과를 강민창 치안본부장에게 보고했다. 하지만 강민창 치안본부장은 1월 16일 오전 8시 30분 기자간담회에서 가혹행위로 숨졌다고 인정될 수 있는 부분은 전혀 언급하지 않았다.

사건 은폐에서 축소로 방향을 바꾸다

이렇듯 경찰이 사건의 은폐를 시도했지만 외부인으로서 박종철 군 죽음을 처음 목격한 중앙대 부속병원 의사 오연상 씨의 인터뷰를 토대로 한 '물고문 의혹 기사'가 1987년 1월 17일 동아일보에 실렸다. 동아일보는 "박 군을 처음 보았을 때 이미 숨진 상태였고 호흡 곤란으로 사망한 것으로 판단됐으며 물을 많이 먹었다는 말을 조사관들로부터 들었다. 당시 박 군은 바지만 입은 채 웃옷이 벗겨져 있었던 것으로 기억되며 약간 비좁은 조사실 바닥에는 물기가 있었다"는 오연상 씨의 말과 함께 '수사 경관 2명 검찰 소환 방침'이라는 제목의 기사를 실었다. 여기에는 "좁은 수사실 바닥에 물기, 왕진 갔을 땐 숨져 있었다"라는 부제가 붙었다.

이러한 언론의 움직임에도 경찰은 사건의 진상을 숨기려 했다. 그러나 1987년 1월 17일 오후 정구영 당시 서울지검장이 기자들에게 경찰의 물고문 혐의를 인정해버렸다.

수사과정에서의 가혹행위를 인정하지 않을 수 없게 된 경찰은 범인을 축소하는 쪽으로 방향을 바꿨다. 고문에 가담한 인원을 줄이기 위해서는 이미 범인으로 내세우기로 합의된 조한경 경위와 강진규 경사의 입을 막아야 했다.

1월 18일 오전 10시쯤에는 박원택 5과 2계장이 조한경·강진규 두 사람을 격려하면서 "바깥 걱정은 하지 말라"고 말했고, 같은 날 오후 1시쯤 박처원 치안감은 서울 영등포구 신길동 치안본부 특수수사2대에서 이들 두 사람에게 "관련자가 더 있다고 해도 다른 대공요원을 희생시키지 말고 둘이서 책임지고 가라"고 했다. 1월 19일 오후 9시쯤 특수수사2대에서 조한경·강진규 두 사람에 대한 구속영장이 집행되자 유정방 대공수사2단 5과장은 이들에게 검찰에서도 경찰

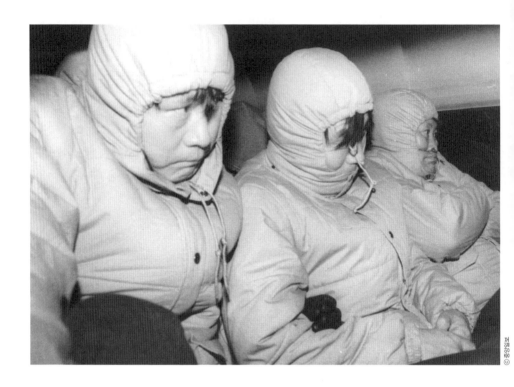

조한경 경위와 강진규 경사의 영장 집행 장면. 박종철 고문치사 사건의 범인으로 지목된 두 경관에
대한 영장이 집행될 때 이들의 신원을 보호하기 위해 똑같은 복장을 한 경찰관이 동석했다.

조사와 같은 내용으로 진술하도록 회유했다.(대법원 1991. 12. 27 선고 90도2801 판결)

필자가 박종철 사건 취재 과정에서 입수해 보관 중인 조한경 경위와 강진규 경사에 대한 구속영장 사본에는 범죄 사실이 다음과 같이 적혀 있다.

피의자 조한경은 1973. 5. 1. 경찰공무원 대공요원 순경으로 임용된 후 현재까지 치안본부 대공수사단에 근무하는 경찰공무원(경위)으로서 상피의자인 강진규와 같이 서울대 민추위 사건 관련 중요 수배자인 박종운(사회복지과 4년 제적)과 피해자 서울시 관악구 신림9동 246의 26호 거주 박종철 21세(서울대 언어학과 3년생)가 연계활동 중이라는 첩보에 의거 1987. 1. 14. 08:10경 위 피해자를 주거지에서 치안본부 대공수사2단으로 임의동행하여 조사 중 동일 11:20경 동 수사단 5층 9호 조사실 내에서 피해자에게 중요 수배자인 박종운의 소재를 추궁하였으나 피해자는 박종운의 소재를 알고 있음이 확실함에도 진술을 거부하고 있으므로 사실을 알아내기 위한 위협수단으로 상피의자 강진규가 피해자의 두 팔을 뒤로 잡고 피의자는 머리를 강제로 한 차례 욕탕물에 잠시 집어넣었다가 내놓았으나 계속 진술을 거부하면서 완강히 반항하자 다시 머리를 욕탕물에 밀어 넣는다는 것이 욕조 속에 머리 부분이 잠긴 채로 급소인 목 부위가 욕조턱(높이 50센치, 너비 6센치)에 눌려 피해자로 하여금 경부 압박에 의한 질식으로 사망케 한 자로 도망 및 증거인멸의 염려가 있는 자임.

이에 비해 1987년 5월 29일 대검 중앙수사부의 재수사 결과 발표문에 나타난 박종철 군의 사망 경위는 조 경위 등의 구속영장에 적힌 범죄 사실과는 확연하게 다르다. 다음은 대검 발표문 중 사망 경위 부분이다.

강진규를 수사팀에 합류시켜 5명이 박 군의 불법시위 가담사실과 수배자 박종운의 소재에 관하여 본격적인 수사를 개시하였음. 그러나 박 군이 완강히 부인하자 조한경과 강진규가 박 군의 가슴 등을 수회 구타하면서 신문하였지만 박 군은 계속 부인하면서 완강히 저항하였음. 이에 동일 11시~11시 20분 조한경이 지시하면서 현장을 지켜보는 가운데 이정호가 욕조에 물을 채우고 박 군을 욕조로 끌고 가 처음에는 황정웅이 박 군의 좌측에서 왼쪽 겨드랑이 사이로 오른팔을 넣어 등을 누르고 반금곤은 우측에서 오른쪽 겨드랑이 사이로 왼팔을 넣어 등을 누르고, 강진규는 욕조 속에 들어가 박 군의 머리를 잡아 물속으로 2~3회 밀어 넣으면서 신문하다가 다시 이정호가 가세하여 다리를 들고 2~3회 박 군의 머리를 욕조 물속으로 밀어 넣고 신문을 계속하였음. 그러한 과정에서 박 군의 목이 욕조 턱에 눌려 숨을 쉬지 못하게 됨으로써 박 군은 동일 11시 20분쯤 경부압박에 의한 질식으로 사망에 이르게 되었음.

경관 2명에 대한 구속영장과 대검의 발표문을 비교해 보면 우선 고문에 가담한 경관 숫자가 5명으로 늘어났다. 또 박 군에게 물고문이 지속적으로 가해졌을 뿐 아니라 조사과정에서 박 군의 가슴 등을 구타하기도 했다. 따라서 박종철 사건에 대한 경찰의 축소 시도는 초기부터 진행되었다고 볼 수 있다.

검찰, 2월 말 범인 축소 알았다

수감 중이던 조한경 경위가 심경 변화를 일으켜 범인이 더 있다는 사실을 검사에게 털어놓았다. 검찰이 범인 축소 조작 사실을 2월 27일 인지한 것이다. 이와 관련해 안상수 당시 서울지검 검사는 2월 27일 저녁 영등포교도소에서 수감 중이던 조한경 경위를 만났을 때 그가 한 말을 《안 검사의 일기》에 다음과 같이 적었다.

사실은 저희들이 거짓말을 했습니다. 조사실에서 박종철을 신문할 때 나와 강진규 말고 황정웅, 반금곤, 이정호 이렇게 세 명이 더 있었습니다. 박종운의 소재를 대지 않자 나는 혼내주라고 시키기만 했고 강진규는 옆에서 소리만 질렀습니다. 실제 박종철의 팔과 다리를 붙잡고 욕조물에 머리를 누른 것은 황정웅, 반금곤, 이정호 이 세 사람입니다. (118~119쪽)

정구영 당시 서울지검 검사장도 이런 내용을 보고받아 사전에 알고 있었다. 그는 2월 말께 신창언 형사2부장으로부터 보고를 받고 깜짝 놀랐다고 말했다. 보고 내용은 조한경 경위 등 구속 수감 중인 경관들이 억울함을 호소하고 있다는 것이었다. 그는 당시 상황을 다음과 같이 설명했다.

정신을 가다듬고 범인이 바뀐 것인지, 아니면 구속된 두 명 외에 범인이 더 있는지를 철저히 조사하라고 신창언 부장에게 지시했다. 곧바로 검찰총장실로 올라가 서동권 총장에게 보고했다. 서 총장 역시 얼굴이 창백해질 만큼 놀라는 표정이었다. 서 총장은 "당분간 이는 당신과 나만 아는 것으로 하자"고 절대 보안을 지시했다. 신창언 부장이 영등포교도소로 직접 찾아가 조한경 경위 등을 상대로 극비리에 조사를 벌였다. 며칠 뒤 신 부장으로부터 조사 결과를 보고받고 그나마 마음을 놓을 수 있었다. 범인이 뒤바뀐 게 아니라 더 있는 것으로 드러났던 것이다. 그런데 일이 꼬이기 시작했다. 민주당 정강·정책 수사 등으로 수사 착수 시기를 결정하지 못하고 있던 상황에서 천주교정의구현전국사제단의 성명이 터져 나와 버렸다. (2012년 1월 19일 필자와의 인터뷰)

사건 축소 세상에 알려지다

1987년 2월 27일 조한경 경위로부터 "고문 경찰관이 3명 더 있다"는 진술을 받고서도 검찰은 즉각 수사에 나서지 않았다. 하지만 진실은 결코 숨길 수 없다. 1987년 5월 18일 김승훈 신부 등 천주교정의구현전국사제단이 명동성당에서 "고문 경찰관이 조작됐다"는 성명을 발표한 것이다.

사제단은 성명에서 "박종철 군을 고문하여 죽음에 이르게 한 진짜 범인은 현재 구속 기소돼 재판 계류 중인 조한경 경위와 강진규 경사가 아니라 학원문화1반 소속 황정웅 경위와 방근곤 경사(반금곤 경장의 잘못), 이정오(이정호의 잘못) 경장 등 3명으로 현재 경찰관 신분을 그대로 유지하고 있다"고 주장했다.(중앙일보·동아일보 1987년 5월 19일자 7면) 그러나 사제단의 성명은 언론의 주목을 받지 못했다. 동아일보는 이를 사회면 2단으로, 중앙일보는 사회면 1단으로 각각 보도했다.

신문들이 사제단의 성명을 크게 보도하지 않은 것은 결과적으로 뉴스 가치 판단을 잘못한 것이다. 하지만 거기에는 두 가지 이유가 있었다. 그 하나는 범양상선 외화 도피 사건 및 통일민주당 정강·정책에 대한 국가보안법 위반 여부 수사라는 대형 뉴스 때문이었다. 특히 검찰의 통일민주당 정강·정책 수사는 이를 기초한 민주당 인사들에 대한 강제구인에 이어 김영삼 총재의 소환까지 거론되는 상황이어서 초미의 관심사였다.

서울지검 공안부는 정강·정책 가운데 '정치적 이념을 초월하는 민족통일'이란 부분이 국가보안법의 이적동조에 해당한다는 입장이었고, 민주당 쪽에선 정권 퇴진을 요구하며 검찰의 소환에 계속 불응했다.

언론이 5월 18일의 사제단 성명에 주목하지 않은 또 다른 이유는 성명에 나오는 "진짜 범인이 따로 있다"는 내용 때문이었다. 취재기자들이나 각 언론사 사회부 데스크 입장에서는 경찰이 자체 수사해 고문 경관을 구속하면서 엄청난 후폭풍과 위험 부담을 감수한 채 범인을 뒤바꿨다고 보기는 어려웠던 것이다.

천주교정의구현전국사제단의 성명이 나온 뒤에도 경찰은 진상을 철저히 은폐하려 했다. 치안본부는 5월 20일 천주교 사제단의 성명에 대해 "일고의 가치도 없는 허위 사실이며 상식 밖의 주장에 왈가왈부할 필요조차 느끼지 않는다"며 반박했다.

하지만 경찰의 반박 성명 이후 하루 만인 5월 21일 검찰은 박종철 군을 고문해 숨지게 한 혐의로 황정웅 경위와 반금곤 경장, 이정호 경장 등 3명을 추가로 구속했다. 검찰은 또 범인 축소를 지시한 혐의로 5월 29일 치안본부 5차장 박처원 치안감, 대공수사2단 5과장 유정방 경정, 5과 2계장 박원택 경정을 추가로 구속했다. 박종철 고문치사 사건의 충격이 채 가시기도 전에 드러난 경찰의 범인 축소 조작에 시민들은 분노했다.

박종철 고문치사 사건 범인 은폐 및 축소 관련 폭로 후
언론은 관련 기사를 1면에 배치했고, 이는 시민들이 정권에 대한 분노를 표출하는
자극제가 됐다. 범인 축소 기사를 실은 중앙일보 1987년 5월 22일자.

사건 후 1년, 부검의 일기 공개로 경찰 총수 구속되다

경찰의 박종철 사건 축소·은폐는 여기서 끝나지 않았다. 박종철 군 1주기를 앞둔 1988년 1월 12일 동아일보가 '치안본부장 등 경찰 수뇌들 고문치사 처음부터 알았다'는 제목의 사회면 톱기사로 박 군을 부검했던 국립과학수사연구소 황적준 법의학 1과장의 일기를 공개했다. 사건 발생 다음 날인 1월 15일 밤 부검이 끝난 뒤 박종철 군이 고문에 의해 숨졌다는 사실을 당시 강민창 치안본부장과 차장급 이상 고위 간부들에게 정확히 보고했으나 이들이 이를 의도적으로 숨기고 '쇼크사'로 은폐 조작하려 했다는 것이다.

수사에 참여했던 안상수 전 검사는 이날 동아일보와의 인터뷰에서 "사건을 송치받은 후에도 철저한 수사를 벌이려고 했으나 송치 4일 만에 상부에서 기소명령이 내려와 1월 24일 기소만기를 15일이나 남겨놓은 채 허겁지겁 사건 수사를 종결하고 구속 경찰관 2명을 기소했다"고 밝혔다. 그는 "그때 권력기관에서는 형사소송법상 수사 주체인 검찰을 '수사의 보조자' 또는 '법무참모'쯤으로 생각하는 그릇된 인식이 팽배해 있었다. 당시의 권력구조상 검찰이 독자적인 수사기능을 행사할 수 없었다"고 설명했다.

대검 중앙수사부는 일기 공개 사흘 뒤인 1월 15일 밤 강민창 전 치안본부장을 직권남용과 직무유기 혐의로 구속했다. 부검의였던 황적준 법의학 1과장에게 가혹행위가 없었던 것처럼 사망 원인에 대한 부검 소견 메모를 고쳐 쓰도록 강요하고(직권남용), 부검이 끝난 15일 밤 11시 30분쯤 황 과장으로부터 고문 가능성이 충분하다는 내용의 부검 소견을 보고받고서도 17일 오후까지 진상조사를 지시하지 않았다(직무유기)는 두 가지 혐의였다.

경찰 간부들의 사건 축소·은폐는 법원에서도 인정했다. 대법원 형사3부(주심 박만호 대법관)는 1991년 12월 27일 강민창 전 치안본부장과 박처원 전 치안감 등 경찰 간부들에게 무죄를 선고한 원심을 깨고 재판을 다시 하도록 사건을 서울고등법원으로 돌려보냈다.

대법원은 판결문에서 "증인 등의 진술을 종합해 볼 때 강민창 피고인은 당시 치안본부장으로서 관련 경찰관들에 대한 수사지휘 등 적절한 조치를 전혀 취하지 않고 박종철 군의 사인을 끝까지 심장 쇼크사로 조작 은폐하려다 신문 보도 등으로 더 이상 은폐가 불가능하다고 판단된 뒤에야 수사를 지시한 점이 인정된다"고 밝혔다. 그러나 강 전 본부장의 직권남용 부분에 대해서는 무죄를 선고한 원심을 확정했다.

대법원은 또 박처원 전 치안감 등 3명에 대해서도 "조한경 경위 등의 검찰 진술 등을 볼 때 박종철 군이 물고문으로 숨졌으며 범행 가담자가 조 경위 등 2명 외에 더 있다는 사실을 알고 있었을 것으로 보이고 그 후 피고인 등이 수감 중이던 조 경위를 면회한 자리에서 '다른 대공요원들을 더 희생시키지 말라'고 회유 설득한 점으로 보아 원심이 이들에게 무죄를 선고한 것은 잘못"이라고 지적했다.

경찰의 은폐·축소, 부메랑되어 돌아오다

1월 14일 박종철 군 경찰의 고문으로 사망

1월 15일 중앙일보, 박종철 군 사망 첫 보도

1월 15일 강민창 치안본부장, 박종철 군 사망 시인

1월 17일 정구영 서울지검장, 경찰의 물고문 혐의 인정

1월 19일 조한경 경위, 강진규 경사 구속

1월 20일 서울지검으로 사건 송치

1월 23일 현장 검증

1월 24일 조한경 경위, 강진규 경사 특정범죄가중처벌 위반 혐의로 구속기소

5월 18일 천주교정의구현전국사제단, '고문 경찰관 조작됐다'는 성명 발표

5월 21일 검찰, 황정웅 경위, 반금곤 경장, 이정호 경장 추가 구속

5월 29일 검찰, 박처원 치안감, 대공수사2단 5과장 유정방 경정, 5과 2계장 박원택 경정 범인 도피 혐의로 추가 구속

박종철 고문치사 사건을 은폐하려던 경찰은 언론을 통해 진실이 드러나자 빠르게 사건을 마무리하기 위해 경관 2명이 모든 책임을 지도록 각본을 짰다. 또 정구영 서울지검장이 물고문 혐의를 인정한 1월 17일부터 조한경 경위와 강진규 경사의 기소까지 걸린 시간은

단 7일에 불과하다.

검찰은 천주교정의구현전국사제단의 성명 발표 3일 후인 5월 21일 박종철 군 고문 혐의로 황정웅 경위, 반금곤 경장, 이정호 경장을 추가로 구속했다. 이는 경찰과 검찰이 사건의 진상을 이미 파악하고 있었으면서도 은폐와 축소를 시도했다는 증거다.

앞서 언급했듯이 1987년은 국민의 개헌에 대한 요구가 극에 달한 시기였다. 하지만 전두환 정권은 개헌을 하지 않고 민정당의 노태우 대표에게 정권을 넘겨주려 했다. 이러한 시점에서 터진 박종철 고문 치사 사건은 정권 말미의 전두환 정권에 치명상을 줄 수 있었다. 이 때문에 경찰은 사건을 최대한 빨리, 그리고 파장을 최대한 줄이는 방법으로 처리하려 했던 것이다.

하지만 경찰의 사건 은폐·축소 사실이 속속 드러나면서 이는 부메랑이 되어 돌아왔다. 6월 항쟁을 거치면서 전두환 정권은 결국 개헌을 선택할 수밖에 없는 상황을 맞았다.

7장

진실을 밝히기 위해
움직인 사람들

전두환 정권에서는 권인숙 성고문 사건이나 김근태 고문 사건, 5·3 인천사태의 경우처럼 많은 부분이 감춰지고, 축소되었다. 특히 정권 말기인 1987년에는 민주화운동을 더 강압적으로 막았으며, 정부의 치부가 드러나는 일들에 대한 은폐·축소가 이뤄졌다.

정부의 치부를 감추기 위해 심혈을 기울이던 전두환 정권으로선 박종철 고문치사 사건이 매우 중요한 사안이었다. 만약 이 사건이 언론이나 국민에게 알려진다면 정권에 미칠 타격이 클 수밖에 없었기 때문이다.

사건 초기부터 경찰은 박종철 사건을 최대한 은폐·축소하려 했다. 하지만 전두환 정권의 강압에 숨죽이고 있던 사람들이 행동하기 시작했다. 사건을 은폐하려는 경찰의 회유와 외압에도 불구하고 진실을 알리려는 사람들이 나타났고, 이들의 노력으로 박종철 사건은 언론을 통해 세상에 모습을 드러냈다.

이 장에서는 박종철 사건이 1987년 민주화운동의 시발점이 될 수 있게 한 몇몇 사람의 용기 있는 결단에 대해 이야기하려 한다.

25년 만에 밝혀진 딥 스로트 이홍규

1987년 1월 15일 "경찰, 큰일 났어"라는 말 한마디는 박종철이라는 젊은이의 죽음을 세상에 알리는 단초가 됐다. 이 말은 또 1987년 6월 대한민국을 뒤흔든 '6월 항쟁'의 출발점이기도 했다. 하지만 이 말을 했던 이가 이홍규 당시 대검찰청 공안4과장이라는 사실은 필자가 2012년 박사학위 논문 〈박종철 탐사보도와 한국의 민주화 정책 변화〉를 통해 밝히기 전까지 세상에 알려지지 않았다.

이른바 내부 비리를 고발하는 익명의 제보자를 뜻하는 '딥 스로트(Deep Throat)'. 딥 스로트란 미국 워터게이트 사건을 특종 보도한 워싱턴포스트의 밥 우드워드 기자가 이 사건 제보자를 딥 스로트라고 부른 데서 유래했다. 사건 발생 33년 만인 2005년 스스로 정체를 밝힌 워터게이트 사건의 딥 스로트는 마크 펠트(Mark Felt) 당시 FBI 부국장이었다.

딥 스로트는 취재원과 취재기자의 신뢰관계가 없으면 성립되지 않는다. 이홍규 전 대검 공안4과장은 나에게 사건의 단서를 제공한

25년 만에 밝혀진
박종철 고문치사 사건 특종 보도의
딥 스로트 이홍규 전 대검 공안 4과장.

것과 관련해 "워낙 민감한 사건인지라 조심스러웠던 게 사실"이라며 "그러나 신성호 기자를 믿었다"고 말했다.

　나와 이홍규 전 대검 공안4과장과의 신뢰관계는 박종철 사건 보도 과정이나 보도 이후에도 계속됐다. 나는 사건을 처음 취재해 사회부에 보고했을 때는 물론 특종 보도 이후 25년 동안 그 누구에게도 첫 취재원을 밝히지 않았다. 취재원을 보호하기 위해 소속 부서 데스크나 편집국 상사라 하더라도 취재기자에게 취재원에 대해 묻지 않는 게 언론사 전통이기도 하다. 특히 박종철 고문치사 사건과 같이 민감한 사안일 경우 정보 제공자의 위험 부담이 크기 때문에 더욱 조심해야 했다. 실제로 그는 언론과의 인터뷰를 통해 당시의 상황을 다음과 같이 설명했다.

"기사가 나간 뒤 검찰청이 쑥대밭이 됐다. 제보자 색출 작전도 벌어졌다. 하지만 아무도 단서를 잡지 못했다. 은퇴 후 종종 옛 동료들을 만났고, 당시 얘기도 나눴다. 하지만 단 한 번도 내가 그 사건의 단초를 제공했다는 얘기를 한 적이 없다. 사건 발생 20년이 넘도록 검찰 역시 정보 제공자가 누군지 몰랐다. 나와 신 기자 외에 세상 누구도 모르고 있었던 것이다."

당시 시대상이나 공안과장이라는 직책으로 볼 때 그가 사건의 단초를 제공하는 건 매우 어려운 일이었다. 정보 제공자라는 사실이 발각될 경우 옷을 벗는 것은 물론 형사 처벌까지 받을 수 있었기 때문이다. 그럼에도 그는 '박종철 군 사망'에 대한 단초를 열었다. 그 이유에 대해 그는 이렇게 밝혔다.

"박종철 군이 14일 사망한 뒤 바로 다음 날 아침, 공안부장 티타임에서 이 얘기가 나왔다. 대학생이 경찰 수사 도중 죽었다는 내용이었다. 공안부장인지 자세히 기억은 안 나지만 '절대 외부에 발설하지 말고 입조심하라'고 했다. 그런데 곱씹어 볼수록 너무 화가 났다. 어린 학생이 죽었는데 이렇게 묻어야 하나 싶었다. 그래서 내 사무실을 찾아온 신성호 기자에게 이를 에둘러 전했다. 신 기자가 비밀을 지켜 줄 것이란 믿음도 있었다. 보도가 된 것을 보며 복잡한 마음이 들기도 했다. 하지만 진실은 반드시 알려져야 한다고 생각했다."

사체 화장 막은 공안부장 최환

"1월 14일 오후 7시 40분쯤 치안본부 대공수사단 소속 총경 및 경정 계급의 두 경찰 간부가 박종철 군 변사사건 발생보고 및 지휘품신서를 들고 내 집무실인 공안부장실로 찾아왔다. 경찰관들은 '유족과도 합의가 됐으니 오늘 밤 안으로 화장할 수 있게 지휘해달라'고 했다. 변사보고서에 사망 원인이 '쇼크사'로 적혀 있었으나 거기에 기록된 박 군의 체격 조건 등을 감안할 때 쇼크사할 사람이 아니라는 판단이 들었다. 그래서 '고문한 것 아니냐. 내일 정식으로 처리하자'고 했더니 경찰관들이 펄쩍 뛰면서 고문이 없었다고 부인했다. '그렇다면 걱정할 것 없지 않느냐. 아들이 조사를 받다가 죽었다는데 당장 화장해서 유골 넘겨달라고 할 부모가 세상에 어디에 있겠느냐'고 반문하자 경찰관들은 아무 말 없이 사무실을 나갔다."

최환 당시 서울지검 공안부장의 말이다. 그의 말에서 경찰이 박종철 사건을 숨기려 한 정황을 간파할 수 있다. 그는 "법원에서 압수수색영장을 발부받아 경찰로부터 박 군의 사체를 넘겨받으려 했으나 치안본부가 부검에 반대하면서 인도하지 않으려는 바람에 부검이 늦어졌다"고 밝혔다. 그는 당시 상황을 다음과 같이 설명했다.

15일 오후 4시가 되었는데도 부검 진행에 대한 결과 보고가 없어 안상수 검사를 찾아 이유를 물었다. 안 검사는 강민창 치안본부장과

박처원 5차장이 '쇼크사이고 가족이 원하지 않는데 왜 부검하려 하느냐'며 사체를 넘겨주지 않는다고 했다. 곧바로 강민창 치안본부장과 박처원 차장에게 전화를 걸었다. 강 본부장에게 부검을 해봐야 쇼크사라고 할 수 있는데 왜 경찰 총수가 방해하느냐고 따졌다. 그러자 그는 "경찰 사기가 떨어져 내가 지켜야겠다. 절대 못 내놓는다"고 했다. 그래서 압수수색영장이 발부됐는데도 계속 공무 집행을 방해하면 특수공무집행방해죄라고 경고했다. 그랬더니 "부검을 경찰병원에서 실시하게 해달라"고 하더라. 경찰에서 조사받다 죽은 사람을 경찰병원에서 부검한다면 언론도 국민도 안 믿을 것이라고 이를 거부했다. 경찰병원과 비교적 가까운 한양대 부속병원에서 부검을 하겠다고 하자 "집도의만큼은 경찰병원 의사와 국립과학수사연구소 소속 의사가 맡게 해달라"고 했다. 알겠다고 대답한 뒤 한양대 부속병원장에게 전화를 걸어 박 군 부검에 의사 한 명을 보내 달라고 부탁했다. 그래서 한양대 박동호 교수가 부검에 합류했다. 또 유족 대표와 학생 대표 한 명씩 부검 현장에 입회하도록 하라고 안상수 검사에게 지시했다. (2012년 1월 4일 필자와의 인터뷰)

최환 공안부장의 뚝심으로 당초 경찰 의도와는 다른 방법으로 부검이 실시됐고, 결국 '경부 압박에 의한 질식사'라는 진실이 드러났다. 하지만 부검 다음 날 경찰의 발표에는 고문에 대한 언급이 전혀 없었다. 이에 최환 공안부장은 사망 원인을 철저하게 수사해야 한다고 주장했다. 하지만 그의 뜻은 고문치사 사실을 은폐하려던 이들에게 걸림돌이 됐다. 그는 이런 이유로 자신이 이 사건 수사에서 손을 떼게 됐다고 말했다.

그는 한 언론과의 인터뷰에서 다음과 같이 당시를 회고했다.

"박종철 군 부검을 한 후 저는 검사들과 함께 이 사건을 철저히 해결해야겠다고 생각했습니다. 고문이라는 건 우리가 한시바삐 청산해야 할 문제였거든요. 더구나 고문으로 사람이 죽었다는 것을 어느 누가 용납하겠습니까. 천인공노할 일이었지요."

물고문 의혹 제기한 의사 오연상

1월 15일 오후 6시 강민창 치안본부장은 박종철 군 사망 관련 발표에서 고문 사실을 숨긴 채 사망 경위를 '심장마비'로 설명했다. 앞서 얘기했듯이 이날 밤 황적준 부검의로부터 고문 가능성에 대한 보고를 받았음에도 강 치안본부장은 1월 16일 기자간담회에서 가혹행위로 숨겼다고 인정될 수 있는 부분은 전혀 언급하지 않았다.

그러나 동아일보는 1987년 1월 17일자 기사에서 물고문 가능성을 제기했다. 박종철 군 사망을 최초로 확인한 중앙대 부속병원 의사 오연상 씨의 인터뷰를 기반으로 한 기사였다. 오연상 씨는 1월 14일 오전 11시 45분 쯤 대공분실에서 온 수사관 3명을 따라 간호사 1명과

박종철 군의 사망진단을 내리고
물고문 의혹을 제기한 의사 오연상 씨.

함께 앰뷸런스를 타고 대공분실 5층 509호 조사실로 왕진을 갔다. 그리고 그곳에서 박종철 군을 검안했다. 현장에서 바지만 입은 채 침대에 누워 있는 박종철 군에게 심폐소생술을 실시하고, 심장에 강심제를 주사했지만 소생할 기미가 없어 30분 뒤 사망진단을 내렸다. 당시 상황에 대해 오연상 씨는 다음과 같이 설명했다.

"조사실은 물바다였다. 박종철 군의 배에서는 꼬르륵 소리가 들렸고 폐에서도 수포 소리가 났다."

사망진단이 내려진 후 대공분실 수사관들은 담요로 박종철 군의 시체를 싼 뒤 들것에 실어 용산병원으로 옮기려 했다. '이상이 있어 병원 응급실에 옮겼으며, 응급실에 갈 때까지 살아있었다'라고 주장할 심산이었다. 하지만 오연상 씨는 긴급히 병원으로 연락해 시체를 병원으로 들이지 못하도록 했다. 경찰의 시나리오를 원천봉쇄한 것이다.

그리고 그는 1월 16일 동아일보 사회부 윤상삼 기자에게 "박 군을 처음 보았을 때 이미 숨진 상태였고 호흡 곤란으로 사망한 것으로 판단됐으며 물을 많이 먹었다는 말을 조사관들로부터 들었다. 당시 박 군은 바지만 입은 채 웃옷이 벗겨져 있었던 것으로 기억되며 약간 비좁은 조사실 바닥에는 물기가 있었다"라고 말했다.

오연상 씨는 1월 16일 윤 기자와의 인터뷰 후 그날 저녁 용산 그레이스호텔에 끌려가 24시간 동안 경찰의 조사를 받았다. 그는 1월 17일 신길동 대공분실에서 다시 조사를 받았으며 이후 일주일간 도피생활을 했다.

이러한 감시와 위협 속에서도 그가 진실을 밝힌 이유는 무엇일까? 오연상 씨는 훗날 언론과의 인터뷰에서 당시 상황을 다음과 같이 밝혔다.

"박 군을 검안한 다음 날인 15일 아침부터 형사 3명이 조를 이뤄 진료실 앞을 지키며 기자는 물론 외부인과의 접촉을 막았다. 그러나 소변을 보기 위해 화장실에 들어갔다가 기자를 만나 박 군에 대한 이야기를 할 수 있었다. … 대공분실 509호실에 들어갔을 때 조사실 바닥의 물 때문에 입고 간 가운이 다 젖어 버린 것을 깨달은 순간 무슨 일이 있었는지를 직감했다. 부검을 하지 않은 검안의로서 확실한 증거를 확보할 수는 없었지만 정황이 '물고문' 사실을 보여준 것이다. 첫 보도 후 병원을 찾아온 여러 기자에게 "청진기를 대 보니 복부에서 꼬르륵 물소리가 났고 폐에서는 출렁거리는 수포음이 났다"며 의도적으로 물고문을 연상시킬 수 있는 단어들을 강조했다. 사실 수포음이란 심장마비로 사망했을 경우 폐에 피나 체액이 스며들어 '폐부종'이 발생해 나는 것이며 물고문과는 직접 관계가 없다. 하지만 경찰 감시로 내놓고 말할 수 없는 상황에서 그렇게라도 이야기를 하지 않을 수 없었다. 그 후 기자들은 물고문 사실을 집요하게 물고 늘어졌고 경찰은 박 군이 물고문으로 사망했다는 것을 인정하지 않을 수 없게 됐다. 그때 비겁하게 얼버무렸다면 평생 괴로웠을 것이다."(《동아일보》, 2007년 1월 11일자 10면)

물고문 혐의 처음으로 밝힌 정구영 서울지검장

박종철 군의 사망 원인이 고문이었다는 사실은 1월 15일 오후 9시 5분부터 10시 25분까지 1시간 20분 동안 한양대 부속병원에서 진행된 부검을 통해 확인됐다. 하지만 경찰은 16일에도 가혹행위 부분을 철저히 숨겼다.

박종철 사건이 중앙일보를 통해 세상에 알려지고 이틀이 지난

1987년 1월 17일 오후 4시쯤 정구영 서울지검장은 서울 서소문동 검찰청사 6층의 집무실에서 검찰 출입기자 몇 명을 만났다. 필자도 당시 검찰 출입기자로 그 자리에 있었다. 정구영 검사장은 "조사 결과 물고문을 한 혐의가 드러나 관련 경찰관 2명을 19일 중 구속하겠다"고 밝혔다.

당시 박종철 고문치사 사건을 은폐하려던 경찰에게 정구영 검사장의 이 발언은 충격이었다. 이 말은 곧 경찰에 알려졌다. 이에 강민창 치안본부장이 정구영 검사장에게 전화를 걸어 '이럴 수 있습니까?'라고 항의했다고 한다. 이를 감안할 때 정구영 검사장의 '물고문 혐의' 발언은 경찰과 협의 없이 검찰 독자적인 판단에 따른 것임을 알 수 있다. 정구영 서울지검장은 박종철 고문치사 사건 축소 수사에 대해 다음과 같이 말했다.

"범인 3명이 더 있다는 사실을 확인한 뒤 관계기관대책회의에서 이를 수사한다는 방침을 정했다. 다만 수사 착수 시기는 돌아가는 상황을 보아 추후에 정하기로 했던 것이다."

그는 또 이렇게 말했다.

"3명의 인적사항을 확인해 갖고 있었지만 수사를 시작하라는 지시가 없었다. 그러던 중 두 달 넘게 시간이 흘렀고 5월 18일 천주교정의구현전국사제단의 성명이 나왔다."

이 때문에 정구영 서울검사장도 관계기관대책회의를 통해 범정부적 차원에서 진행된 박종철 사건 범인 축소와 은폐로부터 자유롭지 못한 것이 사실이다. 관계기관대책회의에서 수사 시기를 결정했다 하더라도 결국 천주교정의구현전국사제단의 성명 이후 검찰 수사가 진행됐기 때문이다. 하지만 앞에서 보았듯이 경찰은 박 군에 대한 부검 이후에도 고문 사실을 은폐하려 했다. 따라서 그가 '물고문 혐의'를 최초로 밝힘으로써 사건의 방향을 바꾸는 데 크게 기여했다고 볼 수 있다.

박종철 1주기, 경찰의 회유·압박 공개한 부검의 황적준

"가슴을 여는 순간 타살일 수 있겠다 싶었어요. 그때부터 오히려 마음이 편안해졌죠."

박종철 군 부검의였던 황적준 당시 국립과학수사연구소 법의학 1과장이 언론과의 인터뷰에서 한 말이다. 그는 박 군의 사인이 '경부 압박에 의한 질식사'일 가능성을 배제할 수 없다고 보고했다. 그는 또 '모서리가 없는 둔탁한 부위에 눌리고 폐에 물이 차 무게가 증가한 것'이라고 판단했다. 이는 가혹행위와 물고문이 있었다는 것을 증명하는 것이었다.

하지만 경찰은 그의 보고 이전에 사건을 은폐하기 위한 각본을 이미 짜놓았다. 경찰은 부검의였던 황적준 박사에게 회유와 압력을 가했다. 그는 치안본부에 불려가 밤새도록 '부검 내용을 바꾸라'는 회유를 받았다. 이런 회유·압력 내용은 박종철 군 1주기를 앞둔

검찰에 자진 출두한 부검의 황적준 박사.
황 박사는 검찰 조사에서 "박 군 사인을
조작하도록 경찰 간부로부터 부탁받았다"고
진술했다.

1988년 1월 12일 동아일보를 통해 공개됐다. 이른바 '황적준의 일
기'다. 이 일기가 언론에 공개되면서 박종철 사건은 1년 만에 다시 수
면 위로 떠올랐다. 이로 인해 사건 당시 치안본부장이던 강민창 씨가
직권남용 및 직무유기 혐의로 1월 15일 밤 검찰에 구속됐다.

황적준의 일기장 내용

1월 15일

오후 4시 40분 – 이기찬 경정으로부터 "치안본부장 지시이니 사체부검팀을 구성하라"는 연락을 받고 4명으로 부검팀을 구성. **오후 6시 20분쯤** – 치안본부에 도착, 바로 본부장 방으로 갔다가 5차장 박처원 치안감실로 안내됨. 이때 박 치안감은 "박 군의 사체에 외상이 없고, 3~4회 욕조에 담갔으니 익사일 것"이라고 설명. **밤 8시 30분쯤** – 한양대 영안실에 변사체 도착. 밤 9시쯤 안상수 검사, 한양대 박동호 교수, 박 군 삼촌만 참가한 가운데 부검 시작. **밤 10시 25분** – 부검 끝내고 영안실 사무실에서 안 검사에게 약 40분간 외상 부위와 사인에 대해 "경부 압박에 의한 질식사임을 배제할 수 없다"라고 설명. **밤 11시 30분쯤** – 5차장 승용차로 치안본부에 도착. 본부장 소집무실에서 와이셔츠 차림의 강민창 본부장과 차장 등 간부들을 만나 부검 소견을 설명.

1월 16일

새벽 2시 – "아침에 있을 급한 불(본부장의 기자회견)부터 끄자"라는 간부들의 설득에 따라 착잡한 심정으로 '외표 검사상 사인이 될 만한 특이 소견 보지 못함' '내경 소견은 오른쪽 폐하엽 하면에서 출혈반 소견'을 내용으로 발표용 부검 소견 작성에 동의. **아침 7시 40분쯤** – 본부장실로 직행, 잠옷 차림의 강 본부장 만남. 가슴 부위와 목 부위의 압박에 의한 피하 출혈 사진을 제외한 나머지 부검 사진 13장을 본 강 본부장은 만족한 표정. **오후 3시께** – 부검에 입회한 한양대 박 교수와 박 군 삼촌의 목격담이 동아일보에 비교적 상세히 보도된 것을 읽고 '어떤 일이 있어도 '부검 감정서'만은 사실대로 기술해야겠다'라고 결심. **오후 3시 20분** – 본부장 소집무실과 5차장실을 왕래하면서 대기하는 동안 강 본부장, 박 5차장, 주 4차장, 유 2차장이 나에게 "19일까지 감정서를 '심장 쇼크사'로 보고하라"고 회유. 결론을 내리지 못한 상태에서 강 본부장이 "목욕이나 하라"며 국과수 간부에게 100만원이 든 봉투를 건네줌. 인사하고 나오는데 강 본부장이 "당신 은혜는 잊지 않겠다"라고 말함.

1월 17일

아침 6시 10분쯤 – 아내에게 "정의의 편에 서서 감정서를 작성하겠다"라고 결심을 밝힘. **오후 5시쯤** – 친구인 배 검사는 "정치적 문제이니만큼 신중하게 처리하라"라고 말함. 돌아오는 길에 형님은 "사실대로 알리는 것이 내 생각이다"라고 조언해주며 격려. **밤 9시 55분** – 국과수 간부의 연락을 받고 워커힐호텔 커피숍에 도착. 이 간부는 "3차장에게 '모든 사실을 정확히 밝히겠다'고 최종 보고했다"라고 전했으나 3차장(이경조 치안감)은 국과수에서 사인 문제를 어느 정도 묵인해줄 수 있는가 물었다고 함. **밤 10시 10분쯤** – 국과수 간부에게 워키토키로 신길산업(특수수사 2대)으로 부검의 조서를 받으러 오라는 통보.

1월 18일

새벽 4시 – 특수수사 2대 김기평 수사관에게 참고인 진술을 통해 모든 것을 사실대로 털어놓음.

<주간경향>, '6월 항쟁 20주년 – 박종철 사망 사건의 전말', 2007년 4월 10일자

1987년 1월 박종철 고문치사 사건은 이를 은폐·축소하려던 경찰과 이를 제대로 전달하려는 사람들 간의 밀고 당기는 싸움이기도 했다. 한쪽은 권력과 정권을 유지하기 위한 거대한 힘이었다면 다른 한쪽은 더 이상 진실이 왜곡되면 안 된다는 작은 몸부림이었다. 절대 권력과 힘없는 자들의 싸움. 어쩌면 '계란으로 바위치기'와 같았던 이 싸움은 결국 진실을 유지하려 했던 이들의 승리로 끝났다.

박종철 사건의 단초를 처음 알린 이홍규, 사건 첫날 경찰의 사체 화장 시도를 저지한 최환, 자신에게 부끄럽지 않기 위해 기자에게 물고문 가능성을 언급한 오연상, 물고문 혐의를 최초로 인정한 정구영, 그리고 부검의로서 진실을 감추지 않았던 황적준까지. 이들이 없었다면 박종철 사건은 그 진실이 묻힌 채 전두환 정권의 여러 의문사 사건 가운데 하나로 남았을지도 모른다. 위험을 무릅쓰고 진실을 알린 사람들의 용기가 모여 결국 한국 민주화의 밑거름이 됐다.

8장

학생운동에서
시민운동으로
─ 사회 각계각층의 움직임

1980년대는 암흑의 시대였다. 전두환 정권은 국민의 눈과 귀를 막기 위해 언론을 탄압했으며, 국민의 지지를 받는 재야 정치인들은 정치의 뜻을 올곧게 펼치지 못했다. 민주화를 외치며 거리에 나선 대학생들은 정부의 강압적인 진압으로 피를 흘려야 했다.

이러한 정부의 강경 대응에도 불구하고 대학생들의 민주화운동은 지속적으로 이루어졌다. 특히 제적생의 복교와 해직 교수 원적대(原籍大) 복직을 허용하는 것을 골자로 하는 1983년 12월 문교부의 '학원 자율화 조치'[7] 이후 학생운동은 더욱 활발하게 진행됐다. 학원 자

---

7   1983년 12월 21일 문교부가 단행한 제적생의 복교 허용을 골자로 하는 일련의 유화 조치. 정부 당국의 자율화 방침과 맞물려 지도휴학제 폐지, 해직 교수 원적대 복직 등 학내 문제와 관련된 요구사항을 상당 부분 관철시킨 가운데 2학기를 맞은 학생들은 학생회를 부활시키는 등 학내 대중조직을 확산해 나갔다. 학생들은 사회운동단체들과의 연대투쟁을 광범하게 조직하기도 했다. 이로 인해 학생운동을 활성화시키는 계기가 되었다고 할 수 있다. (《한국근현대사사전》, 가람기획, 2005)

율화 조치 이후 학생회가 꾸려지고 전국연합이 만들어졌으며, 사회운동단체들과의 연대투쟁도 이뤄졌다. 조직이 커지고 체계화되기 시작한 학생운동은 이전보다 거칠어졌다. 학생운동이 거세지자 정부의 탄압도 점점 강경해졌다. 거칠어진 학생운동과 그럴수록 강경하게 대응하는 정부의 진압으로 화염병·투석·최루탄 등은 1980년대 시위문화의 산물로 고착화됐다.

그러나 학생운동은 정부의 언론 통제 속에서 국민에게 왜곡된 채 전달되기도 했다. 정부는 강경한 탄압을 정당화하기 위해 민주화운동을 하는 이들을 용공세력으로 낙인찍으려 했고, 언론에서 이를 크게 보도하도록 지침을 내렸다. 이러한 언론 보도로 인해 학생운동을 보는 시민들의 시각이 곱지만은 않았다.

그런 상황에서 1987년 1월 박종철 사건이 일어났다. 그동안 정권의 통제로 숨죽이고 있던 언론이 움직였고, 전두환 정권의 실상이 하나둘씩 국민에게 알려졌다. 정권의 실상을 알게 된 시민들은 분개했고, 이후 민주화운동의 형태도 바뀌었다. 이전까지 야권과 대학생들이 중심이었던 민주화운동에 종교계와 시민들이 동참하게 된 것이다. 이로 인해 적은 인원이 국소적으로 벌였던 민주화운동은 전국적인 시민운동으로 발전했다.

직선제 개헌을 위한 움직임

'학원 자율화 조치'에 따라 조직적으로 변한 학생운동은 1985년 2월에 치러질 총선 투쟁에 나섰다. 이전까지의 학생운동이 정권 교체·민주화 등 정권에 대한 투쟁이었다면, 1984년 말부터 1985년 초까지 이어진 학생운동은 야당에게 투표하도록 독려하는 투쟁이었다.

이런 학생운동에다가 변화를 원하는 시민들이 결집함으로써 1985년 2월 12일 치러진 총선에서 야당이 총 의석수 276석 중 128석을 차지했다. 특히 신민당이 67석으로 제1야당이 됐다. 이후 민주한국당 소속 의원들이 탈당해 합류함에 따라 신민당 의석은 103석으로 늘었다. 비록 국회의 과반수를 확보하지는 못했지만 국회가 민정당과 신민당의 양당 체제로 재편됐다. 집권당인 민정당과 대등한 위치의 거대 야당이 탄생했다는 것은 의미가 크다. 같은 의석수라도 두 야당이 이를 나눈다면 정치적 성향이나 당론에 따라 야권이 분열될 수 있다. 하지만 제1야당이 거대 야당이라고 하면 야당을 중심으로 야권 통합이 가능해 더 큰 목소리를 낼 수 있다.[8]

2·12 총선 이후 신민당은 재야세력과 밀접한 관계를 형성했다. 재

---

8 6·29선언 이후 1987년 12월에 치러진 대통령 선거에서 노태우 민정당 후보(36.6%)가 당선될 수 있었던 것도 야권의 김대중 후보(27.0%)와 김영삼 후보(28.0%)가 표를 나눠 가졌기 때문이다. 득표율로는 야권이 높았으나 결국 야권의 분열이 국민의 염원이었던 정권 교체를 이루지 못한 결과를 낳았다.

1986년 3월 23일 신민당 의원들이 부산 서면 대한극장에서
개헌추진 부산지부를 결성하고 현판을 거는 행사에 모여든 시민들.

야세력과의 연합을 통해 신민당은 대통령 직선제를 골자로 하는 개헌 논의를 활발하게 진행했다. 신민당의 이민우 총재와 김영삼·김대중 씨는 문익환 민주통일민중운동연합(민통련) 의장, 박형규 한국기독교교회협의회 인권위원, 이돈명 가톨릭 정의평화위원장 등과의 연합을 통해 재야세력을 지지 기반으로 만드는 데 성공했다. 신민당과 재야세력은 1985년 12월 민추협을 중심으로 '민주제 개헌 1,000만 명 서명운동'에 나서는 등 개헌을 위한 본격적인 활동에 들어갔다.

하지만 정권 유지가 최우선이었던 전두환 정권은 개헌 서명을 주도한 인사들을 가택에 연금하는 등 개헌 추진 움직임에 강경 대응했다. 전두환 대통령은 1986년 1월 16일 국정연설을 통해 88서울올림픽의 성공적 개최를 위해 1989년까지 개헌 논의를 유보할 것임을 밝혔다.

이러한 전두환 대통령의 발언은 오히려 재야 및 종교단체, 학생들의 개헌 추진 운동을 확산시켰다. 1986년 2월 4일 서울시내 14개 대학 학생 1,000여 명이 서울대에 모여 '헌법철폐 및 헌법제정 국민의회 쟁취를 위한 범국민서명운동추진본부'를 결성했다. 또 1986년 3월 9일 김수환 추기경이 직선제 개헌을 촉구한 데 이어 3월 14일 한국기독교교회협의회가 개헌 서명운동 참여를 선언했다. 4월 4일 성공회 정의실천사제단 소속 신부 24명이 시국성명서를, 5월 9일 대한조계종 승려 152명이 시국선언문을 각각 발표하는 등 종교계의 개헌 촉구가 잇따랐다.

이러한 움직임은 1986년 5월 3일 인천에서 열린 신민당개헌추진위원회 경기지부 결성대회로 정점을 찍었다. 이른바 '5·3 인천사태'로 불리는 시위에서 학생과 노동자 5,000명이 경찰과 충돌해 319명이 연행되고 129명이 구속됐다. 전두환 정권은 '5·3 인천사태'를 시작으로 학생운동 및 민주화운동에 대한 탄압을 본격화했다. 민주화운동의 탄압은 1986년 10월 건국대 사태로 이어졌다.

1986년 10월 28일부터 31일까지 전국 26개 대학생 2,000여 명이 건국대에 모여 '전국 반외세 반독재 애국학생투쟁연합(애학투)' 결성식을 가졌다. 이 농성을 진압하기 위해 전두환 정권은 헬리콥터 2대와 경찰 3,000여 명을 투입했다. 경찰은 농성 중이던 대학생 1,200여 명을 연행해 이들 전원에 대해 구속영장을 신청했다. 연행된 학생들은 21개 경찰서에 분산 수용됐다. 연행 학생들의 신병 처리 방향을 취재하기 위해 11월 1일 오전 서울지검 공안부에 들렀던 나는 한 검사의 말을 듣고 귀를 의심했다. 구속 대상이 몇 명쯤이냐는 나의 질문에 그가 "모두 다"라고 말했기 때문이다. 그의 설명은 이랬다.

"연행자가 너무 많아 짧은 시간에 학생들의 의식화 정도와 구체적인 범행 사실을 가리기 어렵다. 학생 모두를 일단 구속한 뒤 기소 단계에서 선별하기로 했다."

경찰로부터 사건을 송치받은 검찰은 이 가운데 398명을 구속기소함으로써 '단일 사건 최다 구속, 최다 기소'라는 기록을 남겼다.

검찰과 경찰은 '건국대 연합점거농성'을 주도한 학생들의 주장이

북한 주장과 일치한다는 이유로 이 사건을 용공사건으로 정의했다. 검찰과 경찰 관계자는 "6·25 북침설을 주장하는 등 북한 노선을 공 공연하게 추종하는 집회에 참석한 학생들을 그냥 놓아둘 경우 국가 존립 자체가 위태로워진다"고 강조했다.

전두환 정부는 또 10월 31일 북한의 금강산댐 건설 추진 계획을 발 표함으로써 개헌 요구에 대한 국민적 관심을 용공과 반공 이슈로 유 도하려 했다. 이러한 정권의 책략 때문에 '건국대 사태' 이후 시민들 은 학생운동에 대해 냉담한 반응을 보이기도 했다. 이는 시위 때 경찰 을 피해 달아나는 학생의 발을 걸거나, 심지어 시위를 하는 학생을 붙 잡아 경찰에 넘기는 등의 형태로 나타났다.

1986년 10월 건국대 사태로 용공과 반공정책이 국민의 시선을 바 꿀 수 있다는 것을 안 전두환 정부는 이후 더 강압적으로 학생운동을 진압했다. 이러한 강경 대응은 정권 말기인 1987년까지 이어졌다. 1987년 1월 12일 김종호 내무부 장관은 치안본부 남영동분실을 찾 아 경감급 이상 간부들을 모아놓고 "대통령 임기가 1년밖에 남지 않 았다. 정치 일정이 있으니 3월 개학 때까지 모든 (학생운동 관련) 사건 을 끝내라"고 지시했다.[9] 이로 인해 경찰은 학생운동 관련자를 무분 별하게 잡아들였고, 이 과정에서 박종철 사건이 발생했다.

---

9   진실화해를 위한 과거사정리위원회, 《2009 상반기 조사보고서》, 5권 3부, 372쪽.

종교계가 움직이다

"친애하는 형제자매 여러분, 오늘 우리는 지난 1월 14일 하늘마저 노할 경찰의 포악한 고문으로 숨진 서울대학 고 박종철 군의 참혹한 죽음을 애통해하면서 이 자리에 모였습니다. 솟구쳐 오르는 의분 속에 온 나라의 모든 이들이 눈물을 흘리며 할 말을 잊고 하늘만 바라보고 있는 어제, 오늘입니다. 민주국가, 법치국가, 정의사회라는 대한민국 안에서 백주에 한 젊은이가 경찰에 연행된 지 수 시간 후 시체로 변했다는 어처구니없는 사건을 기정사실로 받아들여야 하는 오늘의 우리 현실을 한없이 아파하면서, 이제 정신을 가다듬고 각자가 처해 있는 위치에서 과거에 대한 뼈아픈 반성과 앞으로의 나아갈 길을 생각해 보아야 하겠습니다."[10]

1987년 1월 26일 명동성당에서 박종철의 죽음을 추모하는 특별미사가 열렸다. 이 미사에서 김수환 추기경은 강론을 통해 박종철 사건을 개탄하고 모두에게 과거에 대한 뼈아픈 반성을 촉구했다. 이 강론은 1987년 종교계의 민주화운동 신호탄 역할을 했다.

종교계는 대한민국 민주화운동을 이야기할 때 빼놓을 수 없을 정도로 영향력을 지녔다. 앞서 언급한 1986년 개헌에 대한 시국선언에

---

10 1987년 1월 26일 박종철 추모 특별미사에서 김수환 추기경이 한 강론 중 발췌.

일시 : **1987 년 3 월 3일 오전 11 시**
장소 : 조 계 사 대 웅 전
주최 : 고 박종철 영가 **49** 재 천 도 식 준 비 위 원 회

고문없는 나라에서 살고싶다 !

1987년 3월 3일 조계사에서 치러진
박종철 49재 천도식을 안내하는 유인물.

서도 천주교와 개신교는 물론 당시 친정부적이라 여겨졌던 불교계[11]
도 동참했다. 종교계가 박종철 사건을 계기로 민주화운동에 동참한
것은 어쩌면 당연한 수순이었다.

 명동성당의 특별미사를 시작으로 불교, 천주교, 개신교에서 각종
추모식을 열었다. 종교계는 2월 7일 시민단체, 재야단체, 학생들과
함께 전국적으로 '박종철 추도회'를 주도했다.

---

11 불교계는 1980년대 정치적 움직임을 그렇게 크게 보이지 않았다. 심지어 친정부적인 성향을
   보이기도 했다. 그러나 불교계도 1987년 3월 3일 박종철 49재 등을 통해 민주화운동에 적극
   참여했다.

불교 조계종 서의현 총무원장은 3월 3일에 조계사에서 박종철의 49재를 치르겠다고 1월 20일 발표했다. 하지만 전두환 정권의 압력으로 2월 8일 49재 장소가 서울 조계사가 아닌 부산 사리암으로 바뀌었다. 이에 반발한 정토구현전국승가회, 민중불교운동연합, 한국대학생불교연합회 등 불교단체는 49재를 조계사에서 치르기로 결의했다. 그리고 3월 3일 박종철 군의 49재는 '고문추방 민주화 국민평화 대행진'과 함께 진행됐다.

천주교는 2월 28일부터 3월 8일까지 '민주화와 회개를 위한 9일 기도회'를 열었으며, 개신교에서도 서울은 물론 지방 교회에서 추도대회와 기도회를 개최했다. 특히 2월 22일에는 전국 목회자정의평화실천협의회, 한국기독청년협의회 등 8개 단체 회원이 흰 십자가와 태극기 등을 들고 시위를 벌이기도 했다.

박종철 사건에 대한 종교계의 추도집회는 천주교, 불교, 개신교 등 종교와 종파를 넘어 이어졌다. 이는 또 재야단체나 대학생이 중심이던 민주화운동의 영역을 확대하는 데도 영향을 미쳤다. 이러한 종교계의 움직임은 그동안 학생운동에 부정적인 시각을 갖고 있던 시민들의 생각을 바꾸는 데 큰 역할을 했다.

천주교정의구현전국사제단의 성명과 6월 항쟁

박종철 사건에 대한 종교계 움직임의 정점은 1987년 5월 18일 천주교정의구현전국사제단의 성명 발표라 할 수 있다. 특히 사제단의 성명은 전두환 정권이 박종철 사건에 대한 국민적 관심을 지우기 위해 노력한 시점, 즉 '박종철'이란 이름이 시민들의 관심 대상에서 점차 멀어지던 시기에 나왔다. 이를 계기로 검찰과 경찰이 숨겨왔던 고문 경찰관 축소·은폐 사실이 드러났고, 6월 항쟁으로 이어졌다는 점에서 의미가 크다고 할 수 있다.

1987년 1월 14일 박종철 사건이 발생한 이후 전두환 정권은 이 사건에 대한 국민적 관심을 돌리기 위해 지속적으로 계략을 세우고 실행에 옮겼다. 개헌을 하지 않고 정권을 이양하려던 전두환 정권에 박종철 사건은 가장 큰 걸림돌이 될 수 있었기 때문이다.

박종철 추도회 다음 날인 2월 8일 정부는 1월 15일 탈북한 뒤 일본에 체류 중이던 김만철 씨 일가족을 서둘러 귀순시켰다. 새로운 이슈를 만들어 박종철 사건을 잠재우려는 정부의 계산이 깔려 있었다. 또한 '4·13 호헌 조치' 이후에도 야당과 재야단체 등의 개헌 요구가 거세지자 검찰이 통일민주당 정강·정책의 국가보안법 위반 여부에 대한 수사에 나섰다.

이 시기에 나온 천주교정의구현전국사제단의 성명은 지워지던 '박종철'이라는 이름을 되새기게 만들었다. 사제단의 성명 발표 이

1987년 6월 10일 성공회 안에서 '박종철 고문살인 은폐조작 규탄 및 호헌철폐 범국민대회'
참가자들이 박 군 사진을 앞세우고 구내 시위를 벌이고 있다.

후 박종철 사건에 대한 진상 규명과 개헌을 요구하는 목소리가 커지는 것을 막기 위해 정부는 발 빠르게 대처했다. 5월 21일 서울지검이 '박종철 고문치사' 관련 경관 3명을 추가로 구속했고, 5월 26일 전두환 대통령은 대폭적인 개각을 단행했다. 5월 27일에는 대검찰청이 '박종철 고문치사 범인 은폐·축소 사건'에 대한 재수사에 착수해 5월 29일 고문 경관들의 상급자인 박처원 치안감, 유정방 경정, 박원택 경정을 구속했다. 하지만 종교계는 물론 언론도 이 사건을 그대로 덮지 않았다. 특히 언론은 연일 신문 1면에 박종철 범인 축소 사건을 다루면서 국민적 관심을 고조시키는 데 일조했다.

이러한 사회적 분위기는 전두환 정권에 대한 시민들의 분노와 민주화에 대한 열망으로 나타났다. 시민들의 분노는 6월 10일 '박종철 고문살인 은폐조작 규탄 및 호헌철폐 범국민대회'로 이어졌다.

재야세력의 움직임

1985년부터 개헌을 요구하던 야권 및 재야단체는 전두환 정권의 강경 대응으로 2년 동안 개헌운동에서 답보 상태를 면치 못했다. 이러한 시기에 터진 박종철 사건은 정권에 맞서고 국민의 목소리를 하나로 모을 수 있는 계기가 됐다.

박종철 사건 이후 민통련, 민추협, 종교계, 신민당 등은 '고문 및 용공조작 저지 공동대책위원회(고문공대위)'를 조직했다. 고문공대위는 1월 20일 기독교회관에서 공동기자회견을 열고 "설날인 29일 이전에 서울에서 재야단체 합동으로 고문 종식을 위한 범국민대회를 갖기로 했으며, 이날부터 26일까지 1주일간을 박종철 군 추모기간으로 설정해 각 사무실에 분향소를 설치하고 교회는 추모예배를 갖기로 했다"고 밝혔다.

김대중·김영삼 민추협 공동의장과 계훈제 민통련 의장권한대행, 송건호 민주언론운동협의회 의장, 조남기 한국기독교교회협의회 인권위원, 박영숙 여성단체연합 생존권대책위원장 등은 1월 27일 서울 중구 무교동 민추협 사무실에서 '고 박종철 군 국민추도회 준비위원회' 발족식에 이어 기자회견을 했다.

계훈제 민통련 의장권한대행은 이 자리에서 "박 군의 명복을 참되게 비는 길은 국민 모두가 이 땅에서 고문과 인권 유린을 영원히 근절할 것을 박 군의 죽음 앞에서 서약하고 이 땅을 고문 없는 사회로 만드는 것이다"라는 취지문을 낭독했다. 준비위는 기자회견을 통해 "2월 7일 오후 2시 서울 명동성당에서 박 군 추도회를 열고 이와 함께 전국 각지에서 동시에 추도식을 연다"고 발표했다.[12]

이에 따라 2월 7일 전국 69곳에서 박종철 군에 대한 범국민추도회가 열렸고, 8개 도시에서 798명이 경찰에 연행되었다. 이어서 3월

---

12 《6월 항쟁을 기록하다 3》, 93~95쪽.

3일 고문추방 민주화 국민평화대행진이 열렸다.

3월 3일 이후 줄어들던 박종철 사건 관련 시위는 경찰이 박종철 군을 고문한 범인을 축소 조작·은폐한 사실이 드러난 후 다시 거세졌다. 통일민주당과 신구교, 재야단체 대표 등 2,100여 명이 발기인으로 참여한 '민주헌법쟁취국민운동본부'가 5월 27일 결성됐으며, '4·13조치'의 철회와 대통령 직선제 개헌 관철을 위한 공동투쟁을 선언했다.

이날 채택된 결의문은 헌법, 집회 및 시위에 관한 법률, 언론기본법, 형법과 국가보안법의 독소조항, 노동법 등 모든 악법의 민주적 개정과 무효화 범국민운동을 실천할 것이라고 밝혔다. 결의문은 또 민주인사의 석방 및 복권, 자유언론 쟁취운동 등도 천명했다.

'민주헌법쟁취국민운동본부' 결성으로 그동안 분열돼 있던 민주 세력이 하나로 결집하였으며, 국민운동본부는 6월 10일 '박종철 고문살인 은폐조작 규탄 및 호헌철폐 범국민대회'를 열기로 함으로써 6월 항쟁의 서막이 올랐다.

학생운동에서 시민운동으로

1986년 10월 '건국대 사태' 이후 학생운동을 바라보는 국민의 시각은 냉담했다. 그러나 이듬해 1월 한 젊은이의 죽음은 시민들의 생각을 바꾸기에 충분했다. 1987년 1월 말 김영삼·김대중 양 김씨와 계훈제 씨 등이 주도해 '국민추도회 준비위원회'를 결성하고 2월 7일을 국민추도일로 선포했다. 1차로 각계 대표 9,700명 이상이 준비위원회에 참여했다. 이후 시민단체 회원은 물론 일반시민까지 동참을 요청해 2월 6일 준비위의 인원은 총 7만 2,000명이 넘어설 정도로 늘어났다.

하지만 민주화를 향한 국민의 열망과는 별개로 전두환 정권의 강경 대응은 수그러들지 않았다. 경찰은 2월 7일 예정된 국민추도회를 원천봉쇄하기 위해 일찍이 계획을 세웠다. 2월 초 재야단체를 일제히 압수수색했으며, 2월 5일부터는 서울 시내 곳곳에서 검문·검색을 실시했다. 2월 6일에는 김대중·함석헌 씨 등 주요 인사들을 가택 연금했으며, 명동성당 근처에 사복경찰을 잠복시켜 성당 출입을 통제했다.

경찰의 사전 통제에도 불구하고 2월 7일 추도회는 열렸고, 명동 입구에선 재야인사·학생들과 경찰이 충돌했다. 이 과정에서 경찰이 시위대를 향해 최루탄을 발사했다. 주변에 있던 시민들은 최루탄을 발사한 경찰을 향해 야유를 보냈다. 1986년 10월 말 건국대 사태 이후 3개월 남짓 만에 시위에 대한 시민들의 생각이 변한 것이다.

추도회는 서울은 물론 박종철 군의 고향인 부산을 포함하여 전국 곳곳에서 열렸다. 그동안 일부 지역에 국한됐던 시위가 전국에서 동시다발로 벌어졌으며, 시민들도 시위에 직접 가담했다. 이러한 시위

형태는 3월 3일 박종철 49재와 평화대행진에서도 나타났으며 마침내 6월 항쟁으로 이어졌다.

1987년 박종철 사건 이전에 민주화운동이 없었던 것은 아니다. 그러나 그 주체는 재야단체와 대학생들에 국한돼 있었다. 이에 비해 박종철 사건 이후의 민주화운동은 전국적인 시민운동으로 발전했다. 나의 아들일 수도 있고 평범한 대학생일 수도 있는 한 젊은이의 죽음이 국민을 분노하게 했고, 이들을 거리로 나오게 만든 것이다.

9장

뜨겁고 치열했던
1987년 6월

1985년 2월 12일 총선 이후 신민당과 재야단체를 중심으로 대통령 직선제로의 개헌 요구가 대두됐다. 초기 야권 중심의 개헌 요구는 이후 종교계, 교수, 시민단체 등의 시국선언 등으로 점차 그 목소리가 확산됐다. 이에 1986년 전두환 정권은 개헌에 대한 논의를 1988년 올림픽 이후로 미루며 개헌 불가의 선을 긋고, 이후 개헌을 향한 민주화운동을 강압으로 막으려 했다.

이러한 상황에서 1987년 1월 박종철 사건이 발생했고, 그동안 야권과 종교계, 대학생들에 머물러 있던 개헌 및 민주화운동은 국민적인 공감대를 얻었다. 폭넓은 국민의 개헌 요구에 불안감을 느낀 전두환 정권은 정권 유지의 마지막 몸부림으로 1987년 4월 13일 호헌 조치를 발표했다.

민심을 외면한 5공 정권의 호헌 조치로 재야단체와 대학생들의 민주화운동은 더욱 거세졌다. 이런 가운데 1987년 5월 18일 천주교정의구현전국사제단이 박종철 사건 범인 조작 관련 성명을 발표했다. 이 성명은 4·13 호헌 조치로 팽배하던 민주화 열기에 불을 지피는 역할을 했다.

서서히 달궈진 6월의 이야기

5월 18일 천주교정의구현전국사제단의 성명이 있은 후 경찰은 범인 축소 의혹에 대해 부정했다. 하지만 불과 사흘 뒤인 5월 21일 서울지검은 '박종철 고문치사 사건'과 관련해 경관 3명을 추가로 구속했다. 이 내용은 5월 22일 중앙일보, 동아일보, 조선일보 등 주요 신문의 1면을 장식했다. 시간이 지나 점점 관심 대상에서 멀어지던 '박종철'이라는 이름이 다시금 사람들의 가슴에 다가왔던 것이다.

박종철 고문 경관의 축소·은폐에 대한 정부의 빠른 조치에도 불구하고 국민의 정권에 대한 불신은 줄어들지 않았다. 5월 27일 통일민주당은 범야권과 힘을 모으기 위해 연합조직인 '민주헌법쟁취국민운동본부'(이하 국본)를 발족시켰다. 이를 통해 그동안 분열돼 있던 야권이 하나로 뭉쳤다. 6월 3일 국본은 민주정의당 대통령 후보 지명 전당대회가 열리는 6월 10일 '박종철 고문살인 은폐조작 규탄 및 호헌철폐 범국민대회'를 개최하기로 했다. 대학생들도 잇따라 동맹휴

학을 하고 대회에 참여할 움직임을 보였다. 대학가에는 6·10대회 참가를 권유하는 유인물이 뿌려졌다. 6월 8일 정부는 내무부·법무부 장관의 합동담화를 통해 6·10대회를 불법으로 규정하고 강행할 경우 헌정 파괴의 저의가 있는 것으로 보고 엄단하겠다는 입장을 밝혔다. 말 그대로 정국은 초긴장 상태였다.

위기의식을 느낀 경찰은 6월 9일부터 6월 11일까지 갑호비상경계령을 발동했다. 갑호비상경계령은 계엄령 이전의 단계로 군대 동원 없이 경찰력으로 할 수 있는 최고의 비상령이다. 경찰이 1986년 '5·3 인천사태'나 '건국대 사태'와 같이 강경 대응을 펼칠 계획을 세운 것이다.

이런 가운데 6월 9일 국민의 가슴에 불을 지르는 일이 일어났다. 6월 10일 열릴 '박종철 고문살인 은폐조작 규탄 및 호헌철폐 범국민대회'를 앞두고 연세대에서 열린 '6·10대회 출정을 위한 연세인 결의대회' 이후 시위 도중 연세대생 이한열 군이 전투경찰이 쏜 최루탄에 뒷머리를 맞아 중태에 빠졌다. 당시 이한열 군이 같은 대학 학생 이종창 군의 부축을 받은 채 피를 흘리는 사진이 중앙일보와 뉴욕타임스 1면에 실렸다.[13] 언론을 통해 이한열 사건을 접한 시민들은 분노했다. 그리고 6월 10일 '박종철 고문살인 은폐조작 규탄 및 호헌철폐 범국민대회'가 전국 22개 도시에서 벌어졌다.

---

13 당시 로이터 사진기자였던 정태원 씨가 촬영했다. 이 사진으로 인해 전두환 정권의 잔인한 시위 진압 실상이 여실히 드러났다.

또 하나의 슬픈 이름, 이한열

1966년 8월 29일 전라남도 화순군에서 출생

1986년 연세대학교 경영학과 입학 후 동아리 '만화사랑' 활동

1987년 6월 9일 '6·10대회 출정을 위한 연세인 결의대회' 시위 과정에서

　　뒷머리에 최루탄을 맞고 중상

1987년 7월 5일 사망

1987년 7월 9일 '민주국민장' 후 5·18묘역에 안장

'박종철 고문살인 은폐조작 규탄 및 호헌철폐 범국민대회'를 하루 앞둔 1987년 6월 9일 연세대에서 열린 '6·10대회 출정을 위한 연세인 결의대회' 뒤 시위 도중 전투경찰이 쏜 최루탄에 뒷머리를 맞아 크게 다쳤다. 이후 한 달 동안 사경을 헤매다가 7월 5일 21세의 나이로 숨졌다. 당시 머리를 다쳐 피를 흘리는 이한열 군을 이종창 군이 부축하고 있던 사진은 중앙일보와 뉴욕타임스 1면에 크게 실렸으며, AP통신이 선정한 20세기 100대 보도사진에 선정되기도 했다.

7월 9일 민주국민장으로 거행된 장례식에는 서울 100만, 광주 50만의 인파가 모여 그의 마지막 길을 배웅했다. 이날 문익환 목사는 추모 연설에서 26인의 열사들 이름을 부르짖는 연설을 했다.

"전태일 열사여! 김상진 열사여! 장준하 열사여! 김태훈 열사여! 황정하 열사여! 김의기 열사여! 김세진 열사여! 이재호 열사여! 이동수 열사여! 김경숙 열사여! 진성일 열사여! 강성철 열사여! 송광영 열사여! 박영진 열사여! 광주 2,000여 영령이여! 박영두 열사여! 김종태 열사여! 박혜정 열사여! 표정두 열사여! 황보영국 열사여! 박종만 열사여! 홍기일 열사여! 박종철 열사여! 우종원 열사여! 김용권 열사여! 이한열 열사여!"

현재 광주진흥고등학교와 연세대학교에는 이한열 군의 추모비가 세워져 있으며, 신촌에 이 군의 어머니 배은심 씨가 설립한 이한열 기념관이 있다.

명동성당을 넘어 전국으로

6월 항쟁의 시작은 순조롭지 않았다. 이미 갑호비상경계령을 발동한 경찰은 집회 이전에 국본 간부들을 체포했다. 6월 9일 부산에서 110명, 춘천에서 30여 명 등 재야인사를 연금 조치했으며, 재야단체를 압수수색했다. 또 6월 10일 서울 도심과 각 대학 앞에 160여 중대 2만 3,000여 경찰병력을 배치했다.[14]

경찰의 사전 작업과 원천봉쇄에도 불구하고 전국 22개 도시에서는 시위가 진행됐다. 서울 명동에서도 경찰과 시위대가 대치했다. 점차 경찰병력에 밀리자 시위대는 퇴계로를 지나 명동성당 안으로 들어갔다. 명동성당에는 이날 오후 4시부터 시위 중이던 상계동 철거민들과 시민, 신자 등 500여 명이 있었다. 경찰의 진압에 밀려 학생들이 성당으로 피신하면서 명동성당 안의 시위대 규모는 1,000여 명으로 늘었다.

명동성당 농성은 계획된 것이 아니었다. 그러다 보니 시위대를 이끌 지도부가 없었다. 시민과 학생, 노동자 등으로 구성된 시위대는 학생 대표 4명과 일반시민 대표 3명 등 7명으로 임시지도부를 구성했다.

임시지도부가 구성된 후 농성 지속 여부에 대해 토론했다. 농성을

---

14 경찰의 6·10대회 원천봉쇄는 다양한 방식으로 이루어졌다. 시민들의 애국가 제창을 막기 위해 관공서의 옥외방송 마이크를 껐으며, 시위가 벌어질 시내에 택시를 운행하지 못하도록 했다. 또 퇴근 후 직장인들이 시위에 가담할 것을 우려해 기업체에 조기 퇴근을 권고하기도 했다.

풀어야 한다는 측과 명동성당을 거점으로 시위를 지속해야 한다는 의견이 맞섰다. 토론 끝에 우선 12일 정오까지 농성을 지속하는 것으로 의견을 모았다. 하지만 명동성당 측의 항의와 국본의 해산 요청에 따라 임시지도부는 농성 해산 방법을 논의했다.

이때 일부 과격 시위대가 로널드 레이건 미국 대통령과 전두환 대통령, 노태우 민정당 대표의 허수아비 화형식을 했다. 이에 자극 받은 경찰이 최루탄을 쏘면서 바리케이드를 부수고 성당 안으로 진입을 시도했다. 대학생들은 화염병과 돌을 던지고, 경찰이 최루탄을 쏘며 다가가는 일진일퇴의 상황이 전개됐다.

12일 새벽, 서울교구 사제단회의는 "도덕성과 정통성을 잃은 현 정권에 대한 투쟁은 정당하며 사제의 양심으로 농성대를 끝까지 보호할 것"이라는 성명을 발표했다. 11일 시위대 철수로 마무리될 수 있었던 명동성당 농성이 장기화되는 시점이었다.

언론은 10일부터 이어진 명동성당 농성을 집중 보도했고, 국민의 이목은 여기에 쏠렸다.

농성 5일째인 14일은 일요일이었다. 성당 신도와 시민들이 자유롭게 성당을 출입할 수 있었다. 그중에는 자식을 데리러 온 부모도 있었다. 하지만 아무도 성당 밖으로 나가지 않았다. 그저 서로 바라보며 눈물을 흘릴 뿐이었다.

농성 6일째인 15일 새벽. 명동성당에서의 마지막 토론이 있었다. 해산이냐 아니면 남아서 농성을 계속 하느냐. 119대 94로 해산이 결

6월 14일 밤 경찰들이 철수한 뒤 15일 낮 점심시간에 회사원, 상인 등 2만여 명 시민들이
학생들의 안전귀가 보장을 위해 거리로 나와 1시간 동안 시위를 벌였다.

정됐다. 그리고 15일 낮 12시 20분쯤, 농성자들은 대형 태극기를 앞세우고 명동성당을 나섰다. 그렇게 6일간의 명동성당 농성이 마무리됐다.

경찰은 명동성당 농성에 공권력 투입을 계획했으나 김수환 추기경의 저지로 끝내 공권력을 행사하지 못했다. 당시 김수환 추기경은 성당 내에 공권력을 투입할 경우 세계 천주교계에 대한 도전이라면서 다음과 같이 말했다.

"수녀들이 나와서 앞에 설 것이고, 그 앞에는 신부들이 있을 것이고, 그 맨 앞에서 나를 보게 될 것이다. 나를 밟아야 학생들을 만날 수 있다."

경적운동부터 넥타이 부대까지

명동성당 농성을 6월 항쟁의 분수령으로 평가할 수 있는 것은 단지 농성 기간이 길어서가 아니다. 시위대가 성당 안에서 농성을 할 때 밖에서는 대학생과 직장인이 시위에 참여했다. 시민들과 인근 고등학생들은 자발적으로 돈을 모아 먹을거리나 생필품을 건넸다. 특히 6월 12일 명동성당과 인접한 계성여고 학생들이 도시락을 거두어 명동성당 내 시위대에게 전달한 일은 6월 항쟁이 범국민적인 민주화운동이었음을 단적으로 보여주는 것이었다.

시민들이 보낸 관심과 도움은 6일간 명동성당에서 농성한 시위대에게 큰 힘이 됐다. 그 힘을 바탕으로 6월 17일 '국민평화대행진'과 6월 18일 '최루탄 추방의 날' 시위를 이어갔다. 6월 10일부터 연일 시위가 계속됐지만 택시기사들은 운전 중 시위대와 마주치면 박수를 치거나 경적을 울려 그들에게 지지의 뜻을 표했다.

'6월 항쟁'의 주인공은 도시 직장인들인 '넥타이 부대'였다. 그들은 시위대의 외침에 사무실 건물 유리창을 열고 박수를 보내 응원했다. 6월 중순의 초여름 날씨에 점심식사를 위해 와이셔츠와 넥타이 차림으로 사무실을 나온 직장인들은 가두시위 학생들이 "호헌 철폐" 구호를 외치면 박수를 치거나 "독재 타도"란 구호로 화답했다. 시간이 흐르면서 점심시간이나 퇴근시간에는 아예 시위대에 합류하는 직장인들도 점점 불어났다.

이렇게 이어진 6월 항쟁은 6월 26일 '민주헌법쟁취 국민평화대행진'으로 정점을 찍었다. 이날 대행진에는 전국 37개 시·군에서 130만 명 이상의 학생과 시민이 참여했고 3,500여 명이 경찰에 연행됐다.

6월 10일 '박종철 고문살인 은폐조작 규탄 및 호헌철폐 범국민대회'를 시작으로 20여 일간 진행된 6월 항쟁에는 시간이 지날수록 더 많은 국민이 참여했다. 경찰이 강하게 시위를 진압할수록 국민은 더 많이 거리로 나왔다. 한번 일어난 불길은 좀처럼 꺼지지 않았다. 결국 6월 29일 전두환 정권은 국민에게 백기를 들었다.

시위 진압 위해 비상계엄령 검토했다

명동성당 농성이 진행 중이던 6월 13일 비상계엄령이 선포될 것이라는 소문이 나돌았다. 공수부대가 투입될 것이라는 이야기도 있었다. 사람들은 제2의 5·18이 있지 않을까 하는 불안감에 휩싸였다.

다행히 소문으로 끝났던 비상계엄령은 전두환 정권이 실제 검토했던 것으로 훗날 밝혀졌다. 전국 곳곳에서 열린 6·10대회와 연일 이어지는 시위에 놀란 전두환 정권은 군대를 동원해 이를 진압하는 방안을 검토했던 것이다. 일요일인 6월 14일 아침 전 대통령은 안보 장관들과 군 관계자들을 비상 소집했다. 오전 9시 30분부터 11시 10분까지 청와대 상춘재 앞뜰에서 진행된 회의에는 안무혁 안기부장과 이기백 국방부 장관을 비롯해 외무·내무·법무·문교·문공부 장관, 서울시장, 합참의장, 육·해·공군 참모총장, 한미연합사 부사령관, 보안사령관, 수방사령관, 특전사령관, 치안본부장 등이 참석했다. 전 대통령은 이 자리에서 경찰력으로 못 버티면 비상한 조치를 취할 수밖에 없다며 다음과 같이 말했다.

"경찰력으로 더 이상 감당할 수 없으면 헌법상 대통령에게 부여된 권한을 발동하는 수밖에 없다. 이것은 통치권자로서 대통령에게 지워진 책임이기도 하기 때문에 이를 안 하면 직무유기가 되는 것이다. 경찰로 치안 유지가 안 되는 경우에는 군부에서 나올 수밖에 없다. … 오늘 만반의 준비를 해야 내일부터 정세를 관망하면서 언제든지 행

6월 18일 오후 신세계 백화점 앞 광장에서 시위대가 전경들의 최루탄 발사기,
방패, 헬멧 등을 모아 태우고 있다.

동할 수 있는 태세가 되지 않겠느냐 해서 여러분을 오늘 모이게 한 것이다. 군은 돌아가서 즉각 출동 준비를 갖춰야 한다. … 안기부에서는 비상조치할 때의 여러 상황에 대해 법적으로도 준비하고 지금까지 법적인 문제 때문에 검찰에서 조사하지 못했던 것도 비상조치를 하면 용공성 있는 사람은 철저히 조사를 해야 한다."[15]

하지만 6월 14일 이후에도 시위는 수그러들지 않았다. 전두환 대통령은 1987년 6월 16일 오후 6시 30분 신임 이한기 국무총리서리 등 국무위원 전원을 부부 동반으로 청와대에 초청해 저녁식사를 함께했다. 이 자리에서도 그는 군이 출동할 준비가 돼 있다고 밝혔다.

박종철 사건 하나로 시작이 되어 시끄러운 일이 되고 있는데 이것은 우리가 한 번은 겪어야 할 과정입니다. … 내가 참고 인내하는 것은 우리가 다져놓은 기반이 있는데 8개월 남아 있는 것을 못 넘기고 모조리 쓸어서 집어넣으면 속은 후련할지 몰라도 역사를 순리적으로 발전시켜나가는 게 아니지 않나 하는 것입니다. 역사를 합리적으로 발전시켜나가는 전통을 세우기 위해 비상대권 발동을 안 하려고 노력하고 있습니다. 군부는 다 준비가 돼 있지만. (김성익, 《전두환 육성증언》, 403쪽)

---

15 김성익, 《전두환 육성증언》, 395~397쪽.

전두환 대통령은 6월 19일 오전 10시 30분 안무혁 안기부장과 이기백 국방부 장관, 3군 참모총장, 수방사령관, 보안사령관 등을 청와대 집무실로 불렀다. 그는 이 자리에서 비상시 전국의 지역별 병력 배치 계획과 서울지역의 병력 배치 계획에 관한 보고를 들은 뒤 계엄령이 아닌 비상조치권을 발동하려 했다. 대통령이 계엄령보다 높은 단계인 비상조치권을 발동하면 군부 동원은 물론 정당 해산까지도 가능했다. 전 대통령이 안기부장 및 군 수뇌부와 비상조치권 발동 문제를 논의한 것은 전국에서 '최루탄 추방대회'가 열린 바로 다음 날이었다. 시위는 특히 부산에서 격렬했고 자정이 넘도록 이어졌다.

전두환 대통령은 19일 오전 8시 30분쯤 청와대 집무실에서 열린 구수회의 때 군을 동원해서라도 시위를 빨리 진압하는 게 필요하다는 건의를 받고 곧바로 오전 10시 30분 군 고위 간부들을 소집했다. 김성익 당시 청와대 공보비서관은 이날 오후 8시 비상국무회의를 소집해 비상조치권 발동을 위한 절차를 밟고 오후 9시 생방송을 통해 비상조치를 알리는 담화를 발표한다는 것을 전제로 군의 준비태세를 점검했다고 밝혔다.

시위와 집회는 이후에도 계속돼 6월 26일에는 '민주헌법쟁취 국민평화대행진'이 열렸다. 서울·부산·광주 등 33개 도시와 4개 군 등 전국 37개 지역에서 집결지로 향하던 시민·학생 등을 경찰이 저지하면서 시위로 바뀌었고, 격렬한 시위는 밤늦게까지 이어졌다. 그러나 군대는 출동하지 않았다.

6월 28일 미국 상원이
'한국 민주화 결의안'을 승인했고
조지 슐츠 미국 국무장관은 "한국 정부가
정치적 고립을 벗어나기 위해
미국의 제안을 수용할 것"이라고 말했다.
당시 미국 국무장관 조지 슐츠.

전두환 정부는 비상조치권 발동이나 계엄령 선포를 검토한 뒤 왜 이를 보류했을까? 민정기 당시 청와대 공보비서관은 그 배경 가운데 하나로 88서울올림픽을 꼽았다. 그는 "전두환 대통령이 올림픽 유치를 자신의 중요 업적으로 생각했고, 그런 만큼 성공적인 올림픽 개최에 대한 열망이 강했다"고 말했다.

김성익 전 공보비서관도 이와 비슷한 견해를 밝혔다. 그는 "전두환 대통령의 머릿속에는 집권을 계속하겠다는 뜻이 전혀 없었다"고 말했다. 이 때문에 정권을 넘기되 당시의 헌법을 유지하면서 넘길 것이냐, 아니면 개헌을 해서 넘겨줄 것이냐의 문제였다는 것이다.

그러나 6월 들어 전국적인 시위를 통해 직선제 개헌에 대한 국민적 요구가 표출되면서 전 대통령이 개헌 쪽으로 결단을 내렸다고 설명했다. 올림픽과 관련해 그는 "전 대통령이 올림픽을 국가 도약의 기회라고 생각했다"고 말했다. 만일 국민의 직선제 개헌 요구에 동의하지 않는다면 나라 전체가 소용돌이칠 게 뻔하고, 그렇게 되면 올림픽을 치를 수 없다고 생각해 이를 받아들이기로 했다는 것이다.

보이지 않는 손, 해외의 민주화 압력

명동성당 농성에 경찰은 공권력 투입을 염두에 두고 있었다. 그럼에도 결국 공권력을 투입하지 않았던 것은 국제사회의 시선이 두려웠기 때문이다. 1988년 올림픽을 앞둔 상태에서 성당에 공권력을 투입할 경우 자칫 올림픽을 개최하지 못할 수도 있었다. 실제로 당시 교황청에서는 명동성당에 공권력을 투입하거나 시위 진압에 군을 동원하면 88올림픽 보이콧을 검토한다는 입장이었던 것으로 알려졌다.

비단 교황청뿐만 아니라 전두환 정권으로선 곱지 않은 미국의 시선도 부담이었다. 당시 미국은 레이건 정권 2기였다. 제임스 릴리 주한 미국대사는 계엄령을 검토하던 전두환 대통령에게 레이건의 친서를 전달했다. 여기에는 정치범 석방과 권력을 남용한 경찰관 처벌, 직선제로의 전환 등을 촉구하는 내용이 담겨 있었다. 레이건 행정부가 눈에 보이지 않게 전두환 정권에 압력을 가했던 것이다.

또 6월 25일 개스턴 시거 미국 국무부 동아시아태평양 담당 차관보는 출국 기자회견을 통해 "한국 내 사태에 군부의 개입 가능성을 믿지 않는다"는 말을 남겼다. 이어 6월 28일 미국 상원이 '한국 민주화 결의안'을 승인했다. 조지 슐츠 미국 국무장관은 "한국 정부가 정치적 고립을 벗어나기 위해 미국의 제안을 수용할 것"이라고 말했다. 그리고 그 다음 날 노태우 민정당 대표가 6·29선언을 했다.

한국 정부가 군대를 동원하려면 미국의 동의가 필요했다. 하지만 미국은 시위 진압에 군을 동원하는 것에 반대했다. 전두환 정권이 미국의 의견을 무시하고 군을 투입할 경우 자신은 물론 민정당 노태우 후보에게도 악영향을 끼칠 것이 자명했다.

해외 언론들도 88올림픽에 맞추어 한국의 상황에 큰 관심을 기울였다. 일본의 NHK 등 외신기자들이 한국을 방문해 잇따라 우리나라의 시위 상황을 방송으로 내보냈다. 연일 이어지는 외신 반응과 미국의 반대 등으로 전두환 정권은 결국 계엄령 선포를 포기하고 '6·29선언'을 선택했다.

1987년 6월 민주항쟁 과정에서 많은 사람들의 희생과 헌신이 있었다. 그 희생의 결과로 '6·29선언'을 쟁취했다. 6월 항쟁은 1960년 4·19혁명에 이어 대한민국 역사상 두 번째인 범국민적 민주항쟁이었다. 6월 항쟁의 출발선에는 1987년 1월 공권력에 의해 죽임을 당한 박종철 군이 있었고, 그 종착점에는 6월 9일 최루탄을 맞고 7월 5일 유명을 달리한 이한열 군이 있었다. 이 두 청년의 억울한 죽음이 시민들을 그 뜨거웠던 1987년 6월로 이끌었다.

6월 항쟁 일지

6월 3일　민주헌법쟁취 국민운동본부(국본) 경남본부 준비위원 모임

　　　　 – 경남본부 발족을 6·10대회와 함께하기로 공식화

　　　　 6·10대회 준비 착수

6월 9일　연세대생 이한열 군, 교내 시위 도중 직격 최루탄에 피격

6월 10일　국본, '박종철 고문살인 은폐조작 규탄 및 호헌철폐 범국민대회' 개최

　　　　 – 전국 22개 도시에서 대규모 시위. 6월 민주항쟁 시작

6월 15일　명동성당 '민주화를 위한 사제단 미사' 끝난 뒤 2만여 명 명동거리에서
　　　　 촛불시위

6월 17일　'국민평화대행진' 원천봉쇄로 경찰과 시위대 충돌

6월 18일　국본, 전국 주요 도시에서 '최루탄 추방의 날' 개최

6월 22일　마산간호보건전문대생, "군사정권 물러가라" 외치며 본관 농성

6월 26일　'민주헌법쟁취 국민평화대행진'이 전국 37개 시·군에서 열림

　　　　 – 130여만 명의 시민이 모여 경찰과 대치

　　　　 차량들 일제히 경적 울리며 시위 동참

6월 27일　'독재종식 민주헌법쟁취 시민대회' 개최

6월 29일　노태우 민정당 대표, '6·29선언' 발표

7월 5일　이한열 군 사망. 국본, 7월 11일까지 이한열 추모기간 선포

7월 9일　이한열 열사 민주국민장

10장

6·29선언이
우리에게
가져온 것들

1987년 6월 29일 오전. 노태우 민정당 대표가 중앙집행위원회에 모습을 드러냈다. 그는 사태를 수습하기 위한 8개 항의 특별선언을 발표했다. 노 대표는 전두환 대통령이 이 제안을 받아들이지 않을 경우 민정당 대통령 후보와 당 대표위원직을 포함한 모든 당직에서 사퇴하겠다고 선언했다. 7월 1일 전두환 대통령은 담화를 통해 노태우 대표의 제안을 수락한다고 발표했다.

6·29선언은 1987년 1월 박종철 군의 죽음을 시작으로 6월 범국민적 항쟁을 통해 이끌어낸 국민 승리의 결과였다. 민주화 이후엔 6·29선언의 진실을 둘러싸고 당시 전두환 대통령과 노태우 민정당 대표 측이 서로 자신의 업적이라며 다투기도 했다. 6·29선언을 통해 대통령 직선제 개헌을 이뤄냈지만 야권의 분열로 정권 교체에 실패했다는 자조 섞인 비판도 있다. 하지만 6·29선언은 국민이 하나가

노태우 민정당 대표의 직선제 개헌 선언을 다룬 중앙일보 1987년 6월 30일자 1면 기사(위).
직선제 개헌 등 6·29선언 내용이 실린 신문 호외를 보는 시민들(아래).

되어 얻은 소중한 결과물이라는 데는 이론이 없다.

이 장에서는 6월 항쟁의 결과물인 6·29선언이 어떤 과정을 거쳐 나오게 되었는지에 대해 이야기할 것이다.

국민의 승리, 6·29선언

1987년 6월 10일 전국 22개 주요 도시에서 32만 명의 학생과 시민들이 민주화를 외치고 있을 때 서울 잠실실내체육관에서는 민주정의당이 전당대회를 열고 노태우 대표를 대통령 후보로 선출했다. 당시 헌법은 대통령선거인단이 대통령을 선출하도록 규정하고 있어 야당 후보가 대통령이 되기 어려운 구조였다. 이 때문에 집권당의 대통령 후보는 곧 차기 대통령이나 마찬가지였다.

하지만 6월 10일 '박종철 고문살인 은폐조작 규탄 및 호헌철폐 범국민대회' 이후에도 6월 15일까지 이어진 명동성당 농성, 6월 18일의 최루탄 추방대회, 6월 26일의 국민평화대행진 등 시위는 지속적으로 이어졌다. 이 기간 시위에 참여한 인원은 약 500만 명에 이른다. 특히 6월 26일 국민평화대행진에는 전국에서 130만 명이 참여했다. 시간이 지나도 시민들의 시위 열기가 사그라지지 않고 오히려 뜨거워지자 전두환 정권은 더 이상 국민의 요구를 무시할 수 없는 상황에 이르렀다.

그러자 6월 29일 전두환 정권은 국민에게 백기를 들었다. 민정당 대통령 후보이기도 했던 노태우 대표가 대통령 직선제 개헌 등을 포함한 6·29선언을 발표했다. 노태우 대표의 이 '특별선언'은 모두 8개 항으로 돼 있다.

①대통령 직선제 개헌을 통해 1988년 2월 평화적인 정권 이양 ② 대통령선거법을 개정해 공정한 경쟁 보장 ③김대중 씨의 사면·복권과 시국 관련 사범들의 석방 ④인간의 존엄성 존중 및 기본적인 인권 신장 ⑤언론 자유 창달을 위한 관련 제도 개선 및 언론의 자율성 보장 ⑥지방자치와 교육자치의 실현 ⑦정당의 건전한 활동 보장 ⑧과감한 사회정화 조치 강구 등이 그것이다.

6·29선언 이후의 이야기

6·29선언이 나오자 야권은 혼란을 겪었다. 과연 이를 곧이곧대로 받아들여도 되는지부터, 전두환 정권이 어려운 상황을 벗어나기 위해 내놓은 술책에 불과하다는 입장까지 다양했다. 야권은 김영삼과 김대중, 소위 양김의 야권 대통합을 이룬다는 약속을 받은 후 6·29선언을 받아들이기로 했다.

이후 정치권과 국민의 관심은 개헌에 쏠렸다. 여야는 곧바로 개헌 협상에 들어갔다. 여당인 민정당은 대통령 6년 단임제를, 야당은 4년

중임제를 주장해 5년 단임제로 합의했다. 이에 따라 9월 18일 대통령 직선제와 대통령 5년 단임제를 골자로 하는 헌법 개정안이 국회에서 발의됐다. 헌법 개정안은 10월 12일 국회에서 의결된 뒤 10월 27일 국민투표에서 93.1%의 찬성으로 확정됐고, 10월 29일 정부가 이를 공포했다.

국회는 1987년 10월 31일 언론관계 법안을 의결했다. 특히 언론의 자유를 침해할 소지가 있던 정기간행물 등록취소 조항을 손질했다. 문공부 장관이 등록취소 결정을 내릴 수 있던 것을 법원 판결이 있어야 가능하도록 바꾼 것이다. 인권 분야에서는 임의동행제도와 경찰서 보호실제도의 개선, 유치장 감찰 강화, 구속적부심사의 확대, 영장 실질심사제의 도입 등을 꼽을 수 있다. 수사 과정에서의 인권 보호를 위해 1987년 11월 형사소송법을 개정했다. 그러나 6·29선언 8개 항에 포함돼 있던 지방자치 및 교육자치는 전두환 대통령의 임기 중 실현되지 못했다.

1987년 12월 16일 역사적인 대통령 선거가 있었다. 하지만 정권을 바꿔야 한다는 6월 항쟁의 여망과는 달리 민정당의 노태우 후보가 36.6%의 표를 얻어 대통령에 당선됐다.

6·29선언 이후 야권은 대통령 직선제 개헌에만 치중했다. 또 야권의 중심에 있던 양김(김영삼과 김대중)이 분열했다. 이는 단지 정치권의 분열이 아닌 국민의 분열로 이어졌다. 대통령 선거에서 김영삼과 김대중 두 후보가 얻은 득표율은 55.1%였다. 노태우 후보의 36.6%

에 비해 크게 앞섰던 것이다. 결국 야권은 후보 단일화를 이루지 못함으로써 대선에서 민정당 정권 승리의 들러리가 되고 말았다.

6·29선언, 누구의 각본인가

6월 29일 노태우 민정당 대표의 발표와 7월 1일 전두환 대통령의 담화로 이어진 6·29선언은 속전속결로 진행됐다. 이는 전두환 대통령과 노태우 민정당 대표 사이에 사전 합의가 있었다는 것을 뒷받침한다. 그렇다면 6·29선언은 누구의 각본에 의해 나온 것일까? 필자는 이를 확인하기 위해 김성익 당시 청와대 공보비서관과 인터뷰했다. 노태우 대표의 측근이던 박철언 당시 안기부장 특보도 2005년 출간한 자신의 저서 《바른 역사를 위한 증언》에서 이에 관한 비화를 소개했다.

민주화 요구 시위가 이어지던 6월 22일 오전 전두환 대통령은 김영삼 통일민주당 총재를 만났다. 이는 5공화국 출범 이후 처음으로 열린 영수회담이었다. 이 자리에서 이들은 향후 정치 일정을 여야 합의로 하자는 데 의견을 모았다.

6월 24일 오후 전두환 대통령은 이만섭 국민당 총재와 만났다. 이 자리에서 이만섭 총재는 "국민은 대통령 중심제나 내각책임제의 내용보다는 내 손으로 대통령을 뽑자는 게 간절합니다"라고 말했다. 이

盧泰愚대표 특별선언

1987년 6월 30일자 중앙일보에 실린 6·29선언 전문.

에 전두환 대통령은 "내 지론은 현행 헌법이 우리 실정에 좋다는 데는 불변입니다"라며 "직선제를 하더라도 민정당과 국회에서 하는 게 좋습니다. 직선제를 하더라도 민정당이 전혀 질 염려는 없어요"라고 호헌 입장에서 한 발 물러서는 듯한 모습을 보였다. 그는 이어 "다만 헌법에 의한 헌법의 개정이 되어야 합니다. 반칙은 안 됩니다. 민정당도 귀가 있으니 민의 수렴을 할 것이므로 이것을 받아들이라고 하십시오. 비공식으로 (노태우 대표와) 만나서 얘기하세요"라고 말했다.[16]

김성익 당시 청와대 공보비서관은 6월 27일 오전 9시 20분쯤 전두환 대통령이 이종률 공보수석비서관과 자신을 집무실로 불렀다고 말했다. 이 자리에서 전두환 대통령은 "직선제를 해서 초래될 혼란보다도 직선제를 하자고 하는 것 때문에 일어나는 혼란이 국가의 더 큰 문제가 되고 있다. 국민이 원하는 게 이것이니까 직선제를 하자"며 직선제를 받아들이는 담화를 작성하도록 지시했다는 것이다. 담화는 노태우 민정당 대표가 중앙집행위원회에서 직선제를 받자는 건의를 발표하면 그것을 수용하겠다는 내용이었다.

김성익 전 공보비서관은 또 이틀 전인 6월 25일 이미 이종률 공보수석으로부터 대통령이 '까짓것 한번 풀자. 김대중 사면, 임기 내 직선 개헌으로 가자'고 했다는 설명과 함께 2, 3일 내로 담화문 초안을 작성해야 한다는 지시를 받은 상태였다고 밝혔다.

16　《전두환 육성증언》, 423~425쪽.

그는 전두환 대통령 퇴임 후 몇 차례에 걸쳐 직접 들은 6·29선언의 배경과 경위를 정리해 자신의 저서 《전두환 육성증언》에 다음과 같이 썼다.

직선제를 받아들이기로 결심하고 노 대표를 안가로 불러 얘기했다. 그게 6월 15일경이었을 것이다. 김대중 씨 사면·복권, 직선제 실시 등 6·29의 기본과 그 시기는 내가 직접 구상해서 노 후보를 설득, 지시했고 노 후보가 이를 보다 구체화시킨 것이다. 나는 중요한 고비 때 보좌관들의 정책적 두뇌나 상황 판단이 나한테 크게 참고될 만한 게 없고 그렇게 보좌해주는 사람이 없어 답답했다. 보좌관들 중에는 언론인들의 얘기를 듣고 와서 말하는 경우가 적지 않았다. 비서실에서도 별 아이디어가 없었다. 나는 직접 상황을 분석해 보고 나 자신의 직감과 생각으로 판단해서 결심했다. 6·29는 내가 보좌관들과 상의하거나 얘기를 해주면 내용이 밖으로 새어 나가서 오히려 일을 크게 그르칠 우려가 있다는 걸 고려했다. 나 혼자 구상하고 결심해서 노 대표한테 얘기한 것이다. 당시 박영수 비서실장이나 몇몇 수석비서관들도 직선제 건의를 했지만 그때는 이미 내가 노 대표한테 얘기한 뒤였다. (450~451쪽)

노태우 민정당 대표는 6월 17일 밤 박철언 특보를 집으로 불러 직선제에 관한 모든 준비를 하도록 지시했다고 설명했다. 그는 《노태우 회고록》에서 그때 준 지침은 두 가지였다며 직선제를 한다는 것과 김대중 씨를 사면·복권한다는 것이었다고 말했다. 이에 따라 박철언 특보는 6월 18일부터 직선제 수용과 관련한 선언문 기초작업에 들어갔다. 노태우 민정당 대표는 6월 20일과 22일 박 특보로부터 두 차례 중간보고를 받고 수정·보완 지시를 했다고 밝혔다.[17]

당시 노태우 민정당 대표와 박철언 특보의 증언은 김성익 청와대 공보비서관의 기록에 비해 김대중 씨의 사면·복권을 노태우 대표가 주장했다는 부분에서 차이가 있다. 그러나 대통령 직선제 개헌에 대해 전두환 대통령이 먼저 얘기했고, 노 대표가 이를 반대하다 받아들였다는 것은 일치한다.

민정기 전 청와대 공보비서관은 직선제 개헌에 반대하던 노태우 후보를 설득하기 위한 논리가 '직선제 해도 당선된다'는 것이었다고 말했다. 김성익 전 비서관도 전두환 대통령이 직선제를 받아들이도록 노태우 대표를 두서너 번 설득했다고 밝혔다.

김성익 전 비서관은 "며칠 뒤 전두환 대통령을 찾은 노태우 대표는 '직선제를 받아들이기로 하겠는데 그 대신 내가 직선제를 건의하면 대통령이 크게 꾸중한 것으로 하고 그럼에도 불구하고 내가 그 뜻을 어기고 발표해버린 것으로 하면 더 충격 효과가 크겠다'고 건의했

---

17 박철언 당시 안기부장 특보는 그의 저서 《바른 역사를 위한 증언》에서 날짜를 다소 다르게 서술했다. 6월 23일 노태우 대표가 그를 연희동 자택으로 불러 대통령 직선제 제안을 들었다고 기술했다.

다"고 설명했다.

그러나 전두환 대통령은 노 대표의 이러한 건의를 받아들이지 않았다. 김성익 전 비서관은 "전두환 대통령이 다음 날 노태우 대표를 불러 '그 방법은 안 되겠다. 세상에 비밀이 어디 있느냐. 그렇게 국민을 속이고 쇼를 하다가 나중에 이게 밝혀지면 국민이 어떻게 보겠느냐'고 이야기했다"고 밝혔다. 대신 노태우 대표가 발표하면서 '직선제 건의를 안 받아주면 모든 공직을 사퇴하겠다'고 말미에 붙이면 되겠다는 뜻을 전했다는 것이다.

즉, 6·29선언의 결정은 이미 전두환 대통령이 내렸고, 여론을 좋게 만들기 위해(대통령 직선제를 염두에 둔) 노태우 민정당 대표가 이를 발표한 것으로 드러났다.

국민의 희생과 참여로 얻은 소중한 기회는 정권 교체가 아닌 직선제를 통한 정권 이양으로 나타났다. 일부에서는 1987년 대통령 선거 결과를 근거로 6월 항쟁의 의의를 평가 절하하기도 한다. 6·29라는 승리에 도취해 결국 정권 교체에는 실패했다는 것이다. 하지만 6월 항쟁은 국민이 직접 나서 독재정권을 심판하고 나아가 민주화를 이뤄냈다는 점에서 그 의의가 크다고 할 수 있다.

6·29선언 전문

친애하는 국민 여러분!

저는 이제 우리나라의 장래 문제에 대해 굳은 신념을 가지게 되었습니다. 국민들 사이에 쌓여진 뿌리 깊은 갈등과 반목이 국가적인 위기로 나타난 이 시대적 상황에서 정치인의 진정한 사명에 대해 깊은 사색과 숱한 번뇌를 하여 왔습니다.

또한 학계·언론계·경제계·종교계·근로자·청년·학생 등 각계로부터 지혜를 구하고 국민의 뜻을 확인하였습니다.

오늘 저는 각계각층이 서로 사랑하고 화합하여 이 나라의 국민임을 자랑스럽게 여기며 정부 역시 국민들로부터 슬기와 용기와 진정한 힘을 얻을 수 있는 위대한 조국을 건설하기 위해 비장한 각오로 역사와 국민 앞에 서게 되었습니다.

그러면 저의 구상을 주저 없이 말씀드리겠습니다. 이 구상은 대통령 각하께 건의를 드릴 작정이며 당원 동지, 그리고 국민 여러분의 뜨거운 뒷받침을 받아 구체적으로 실현시킬 결심입니다.

첫째, 여야 합의 하에 조속히 대통령 직선제 개헌을 하고, 새 헌법에 의한 대통령 선거를 통해 88년 2월 평화적 정부이양을 실현토록 해야 하겠습니다. 각료의 대다수가 국민이 직접 뽑은 국회의원으로 구성되어 자율과 개방을 바탕으로 대화와 타협 속에 민주·책임정치에 가장 충실할 수 있는 의원내각제가 우리 나라 민주주의 정착을 위해 가장 바람직한 제도라는 저의 생각 에 변화가 온 것은 아닙니다.

그러나 비록 아무리 좋은 제도라 할지라도 다수 국민이 당장 원하지 않는다면 필경 그 제도는 국민과 유리되고 이에 따라 탄 생하는 정부는 국민과 꿈도 아픔도 함께 할 수 없게 될 것입니다. 따라서 오늘의 이 시점에서 저는 사회적 혼란을 극복하고 국민 적 화해를 이룩하기 위하여는 대통령 직선제를 택하지 않을 수 없다는 결론에 이르게 되었습니다. 국민은 나라의 주인이며, 국 민의 뜻은 모든 것에 우선하는 것입니다.

둘째, 직선제 개헌이라는 제도의 변경뿐만 아니라 이의 민 주적 실천을 위하여는 자유로운 출마와 공정한 경쟁이 보장되 어 국민의 올바른 심판을 받을 수 있는 내용으로 대통령선거법 을 개정하여야 한다고 봅니다. 또한 새로운 법에 따라 선거운동, 투·개표 과정 등에 있어서 최대한의 공명정대한 선거관리가 이 루어져야 합니다. 다만 직선제라 하더라도 근거 없는 인신공격 과 대중선동으로 적개심을 불태우면서 혼란과 무질서가 판을 치게 되고 지역감정을 불러일으켜 결국 국가 안정을 해치고 진정한 민주 발전을 저해해서는 안 되며 정책대결로 선의의 경쟁을 할 수 있는 기본 바탕이 전제되어야 할 것입니다.

셋째, 우리 정치권은 물론 모든 분야에 있어서의 반목과 대결이 과감히 제거되어 국민적 화해와 대단결을 도모하여야 합니다. 그러한 의미에서 저는 그 과거가 어떠하였든 간에 김대중 씨도 사면·복권되어야 한다고 생각합니다. 그리고 우리와 우리들 자손의 존립 기반인 자유민주주의적 기본질서를 부인한 반 국가사범이나 살상·방화·파괴 등으로 국기를 흔들었던 극소수를 제외한 모든 시국 관련 사범들도 석방되어야 합니다.

그리하여 이들도 민주시민사회의 일원으로 돌아올 수 있기를 간절히 희망합니다.

과거가 없는 현재는 있을 수 없습니다. 그러나 역사의 분수령인 이 시점에서 우리 모두 크게 웃는 계기를 마련하는 것은 중요하다고 봅니다. 그렇게 된다면 차기 대통령 선거가 국민의 축제로 승화될 것이고, 새로 출현하는 정부는 튼튼한 국민적 기반 위에 위대한 나라 건설에 더욱 매진할 수 있을 것입니다.

넷째, 인간의 존엄성은 더욱 존중되어야 하며, 국민 개개인의 기본적 인권은 최대한 신장되어야 합니다. 이번의 개헌에는 민정당이 주장한 구속적부심 전면 확대 등 기본권 강화조항이 모두 포함되기를 기대합니다. 또한 정부는 인권침해 사례가 없도록 특별히 유의하여야 하며, 민정당은 변호사회 등 인권단체와의 정기적 회합을 통하여 인권침해 사례의 즉각적 시정과 제도적 개선을 촉구하는 등 실질적 효과 거양에 주력하여야 할 것입니다.

다섯째, 언론자유의 창달을 위해 관련제도와 관행을 획기적으로 개선해야 합니다.

아무리 그 의도가 좋더라도 언론인 대부분의 비판의 표적이 되어온 언론기본법은 시급히 대폭 개정되거나 폐지하여 다른 법률로 대체되어야 할 것입니다. 지방주재기자를 부활시키고 프레스카드 제도를 폐지하며, 지면의 증면 등 언론의 자율성을 최대한 보장하여야 합니다. 정부는 언론을 장악할 수도 없고, 장악하려고 시도하여서도 아니 됩니다. 국가 안전보장을 저해하지 않는 한 언론은 제약받아서는 아니 됩니다. 언론을 심판할 수 있는 것은 독립된 사법부와 개개인의 국민임을 다시 한 번 상기합니다.

여섯째, 사회 각 부문의 자치와 자율은 최대한 보장되어야 합니다. 각 부문별로 자치와 자율의 확대는 다양하고 균형 있는 사회 발전을 이룩하여 국가 발전의 원동력이 된다고 믿습니다. 개헌 절차에 불구하고 지방의회 구성은 예정대로 순조롭게 진행되어야 하고 시·도 단위 지방의회 구성도 곧이어 구체적으로 검토, 추진하여야 할 것으로 생각됩니다.

학문의 전당인 대학의 자율화와 교육자치도 조속히 실현되어야 합니다. 이를 위해 대학의 인사·예산·행정에 대한 자율성을 보장하고 입시·졸업제도도 그와 같은 방향으로 개선해 나가야 합니다. 그리고 우수한 많은 학생들이 학비 조달에 큰 어려움이 없도록 관련 제도를 보완하고 예산에 반영하여야 할 것입니다.

일곱째, 정당의 건전한 활동이 보장되는 가운데 대화와 타협의 정치풍토가 조속히 마련되어야 합니다. 정당은 국리민복을 위하여 책임 있는 주장이나 정책을 추진함으로써 국민의 정치적 의사를 형성하고 결집하는 민주적 조직체이어야 합니다. 정당이 이러한 목적에 위배되지 않는 건전한 활동을 하는 한 국가는 이를 보호하고 육성하는 데 진력하여야 할 것입니다.

이를 바탕으로 정당 역시 국법질서를 준수하는 가운데 대화와 타협으로 사회의 갈등을 조화와 화합으로 이끌고 국론을 통일해 나가는 정치력을 발휘해야 합니다. 폭력을 써서라도 일방적인 주장만을 관철시키려는 야당이 있는 한 여당 역시 항상 양보만은 할 수 없을 것입니다.

여덟째, 밝고 맑은 사회 건설을 위하여 과감한 사회정화 조치를 강구해야 합니다. 이를 위해 모든 시민이 안심하고 행복한 생활을 누릴 수 있도록 폭력배를 소탕하고 강도·절도사범을 철저히 단속하는 등 서민생활 침해사범을 척결하고 우리 사회에 잔존하는 고질적인 비리와 모순을 과감히 시정해 나가야 합니다.

근거 없는 유언비어가 추방되고 '지역감정'이나 '흑백논리'와 같은 단어들이 영원히 사라져 서로 신뢰하고 사랑할 수 있는 공동체를 만들어야 합니다. 그리하여 온 국민이 안정된 사회 환경 속에 안심하면서 자부심을 가지고 활기찬 생활을 할 수 있도록 하여야 할 것입니다.

이러한 사항들이 오늘의 난국을 타개하고 위대한 국가로의 전진을 위한 시급한 당면과제라고 생각합니다. 역사의 단절이 아니라 지속적 발전을 바라는 여러분의 기대를 등에 업고 역사와 국민을 두려워하는 겸허한 마음으로 오늘 저는 이 제안을 감히 하는 바입니다.

저는 우국충정에서 나온 이 구상이 대통령 각하와 민주정의 당 전 당원은 물론이고 국민 모두의 성원으로 꽃피울 수 있게 되리라 확신합니다. 저의 이 기본구상이 받아들여질 경우에는 앞으로 이에 따른 세부 추가사항들이 추진될 것입니다. 만의 일이라도 위의 제안이 관철되지 아니할 경우 저는 민정당 대통령 후보와 당대표위원직을 포함한 모든 공직에서 사퇴할 것임을 아울러 분명히 밝혀두는 바입니다.

대통령단임제의 실천으로 이 나라 헌정사에 민주주의의 깊은 뿌리를 심기 시작했고, 물가안정과 국제경쟁력 강화로 흑자경제를 이룩하였으며 국가 안보 역량을 대폭 강화하면서 올림픽을 유치하는 등 제5공화국 정부의 빛나는 치적은 결코 과소평가 되어서는 아니 됩니다.

오늘 우리는 어떠한 상황 하에서도 자유민주주의체제의 수호·발전을 포기할 수 없으며 평화적 정부 이양의 과업은 우리가 행하여야 할 눈앞의 과제입니다.

또한 올림픽이 얼마 남지 아니한 현시점에서 국론이 분열되어 국제사회의 비웃음을 당하는 국가적 수치를 방지할 책임은 우리 모두에게 있습니다.

우리 모두 신성한 한 표를 행사할 권리를 간직한 채 청년은 이상을 향하여 실력을 배양하고, 근로자·농민은 안심하고 일하며, 기업가는 창의적 노력을 더하고, 정치인은 대화와 타협의 묘를 기울여 미래를 설계하는 사회를 이루어 나갑시다. 법과 질서가 준수되면서 생동하고 발전하는 진정한 민주사회를 위하여 저도 최선의 노력을 경주할 것을 다짐합니다.

이 나라는 우리 모두의 나라입니다. 조상과 선열의 뜨거운 피로 세워지고 다져진 이 나라를 땀과 자제와 지혜로 훌륭히 가꾸어 후대에게 자랑스럽게 물려줄 수 있도록 하는 것은 우리의 시대적 책무입니다.

한민족의 역사는 후퇴하는 것이 아니라 발전한다는 것을 세계만방에 알려주어 세계사에 공헌할 수 있도록 국민적 슬기를 한데 모아 주실 것을 바라마지 않습니다.

국민 여러분! 그리고 당원 동지 여러분과 야당 정치인 여러분! 저의 충정이 받아들여져 오늘의 난국이 극복되고 모든 국민 개개인이 '안정되고 행복한 생활'을 할 수 있는 '위대한 나라'를 열어가는 전환점이 되기를 간절히 기원합니다. 감사합니다.

아직도 끝나지 않은 이야기, 박종철

노태우 민정당 대표의 6·29선언 다음 날인 6월 30일 오전 9시, 경찰은 갑호비상령을 해제했으며 대학가에 배치되었던 경찰도 철수했다. 시위 도중 최루탄을 맞고 사경을 헤매던 이한열 군이 7월 5일 끝내 숨을 거뒀다.

7월 9일의 이한열 장례식은 '민주국민장'이라는 이름으로 진행됐다. 연세대를 시작으로 서울시청, 광주 5·18묘역으로 이어진 장례 행렬에는 서울에서 100만 명, 광주 50만 명의 시민과 학생이 참여했다. 이한열 군의 장례식을 끝으로 6·29선언을 이끈 6월 항쟁은 그렇게 막을 내렸다. 6월 9일 한 학생의 부상으로 불을 댕겼던 6월 항쟁은 7월 9일 그 학생을 떠나보내며 막을 내리게 된 것이다.

1987년 6월 이후의 이야기

1987년 뜨거웠던 6월이 지나고 7월 1일 전두환 대통령은 노태우 민정당 대표의 선언을 전폭 수용한다는 담화를 발표했다. 노태우 민정당 대표의 6·29선언 이후 이틀 만에 나온 담화였다. 이렇게 미리 짜놓은 각본대로 움직이는 정권의 모습에 야권은 6·29선언 수용 여부를 놓고 이견을 보이기도 했다. 7월 4일 김영삼 민주당 총재와 김대중 민추협 공동의장이 만나 거국내각 구성문제 등 야권 내부의 의견조정에 들어갔다. 이 자리에서 양김은 6·29선언을 받아들이되 전두환 대통령의 민정당 탈당과 해직교수 및 근로자들의 전원 복직 등을 요구하기로 합의했다.

이후 7월 6일 시국사범 177명이 석방됐으며, 7월 9일에는 김대중·김상현·김덕룡·예춘호·문익환·백기완·이부영 씨 등 2,335명이 사면·복권됐다. 7월 10일에는 야권의 요구에 맞춰 전두환 대통령이 민정당 총재직을 사퇴했다. 이에 따라 민정당은 노태우 대표 체제로 바뀌었다.

정치권은 개헌을 위해 발 빠르게 움직였다. 7월 24일 개헌협상 전담기구인 여야 '8인 정치협상'이 진행됐다. 민정당에서는 권익현·윤길중·최영철·이한동 의원이, 야당에서는 이중재·박용만·김동영·이용희 의원이 협상 대표로 나섰다. 여야는 '8인 정치협상'을 통해 8월 31일 대통령 직선제 및 대통령 5년 단임제를 골자로 하는 개헌안(전문과 본문 130개 조항)에 합의했다. 이는 헌정사상 처음으로 여야가 합의한 개헌안이었다.

이후 9월 17일 헌법개정기초소위원회가 개정안 초안을 완성했고, 9월 18일 헌법 개정안이 국회에서 발의된 뒤 10월 12일 본회의에서 의결됐다. 개헌안은 10월 27일 실시된 국민투표에서 총 유권자 78.2%의 투표와 투표자 93.1%의 압도적인 지지로 확정됐다.

11월 16일 제13대 대통령 선거가 공고됐으며, 노태우·김영삼·김대중·김종필 씨 등이 대통령 후보로 등록했다. 12월 16일 직선제로 치러진 대통령 선거의 투표율은 89.2%에 이르렀다. 당시 대통령 직선제에 대한 국민의 관심이 얼마나 컸는지 알 수 있다. 선거의 결과는 노태우 민정당 대표가 36.64%의 득표율로 당선됐다. 국민의 힘으로 대통령 직선제를 얻어냈지만 야권의 후보 단일화가 무산되면서 결국 정권 교체에 실패하게 된 것이다.

박종철 사건의 진행 과정

6·29선언 이후 정치권뿐만 아니라 국민의 관심도 개헌에 집중됐다. 또한 어렵게 얻어낸 대통령 직선제를 통해 정권을 바꾸고자 하는 갈망은 김영삼·김대중 후보 간의 단일화 요구로 표출됐다. 정치권과 국민의 관심이 개헌과 대통령 선거로 옮겨진 상황에서 6월 항쟁의

출발점이었던 박종철 사건 관련 피고인들에 대한 재판이 진행됐다.

7월 4일 1심 선고 공판에서 조한경·강진규 피고인은 구형대로 징역 15년을 선고받았다. 또 반금곤 피고인이 징역 8년, 황정웅 피고인이 징역 7년, 이정호 피고인이 징역 5년을 각각 선고받았다. 8월 10일에는 사건 은폐 및 축소와 관련해 박처원·유정방·박원택 피고인 등 상급자들에 대한 공판이 시작됐다.

1988년 1월 12일 동아일보는 '치안본부장 등 경찰수뇌들 고문치사 처음부터 알았다'는 제목의 사회면 톱기사로 박종철 군 부검의였던 황적준 국립과학수사연구소 법의학 1과장의 일기를 공개했다. 사건 발생 다음 날인 1월 15일 부검이 끝난 뒤 박 군이 고문에 의해 숨졌다는 사실을 강민창 치안본부장과 차장급 이상 고위 간부들에게 정확하게 보고했으나 이들이 사인을 쇼크사로 은폐 조작하려 했다는 것이다.

이 기사로 인해 1988년 1월 15일 박종철 사건 발생 당시 치안본부장이던 강민창 씨가 직권남용 및 직무유기 혐의로 검찰에 구속됐다. 강민창 씨에 대한 법원의 판단은 1심 유죄, 2심 무죄로 서로 엇갈렸다. 그러나 대법원은 1991년 12월 직무유기 부분에 대해 유죄의 취지로 파기해 서울고등법원에서 다시 재판하도록 했다. 대법원은 1993년 7월 그에게 징역 8월에 집행유예 2년의 유죄를 확정했다. 기소 후 5년 5개월 만의 일이다.

박처원·유정방·박원택 씨 등 상급자 3명의 재판도 1심 유죄, 2심 무죄, 대법원 파기환송으로 이어졌다. 1996년 1월 대법원은 "범인도 피에 해당한다"며 이들에게 최종 유죄를 선고했다. 박처원 전 치안감 은 징역 1년 6월에 집행유예 3년, 유정방·박원택 전 경정은 징역 1년 에 집행유예 2년의 확정 판결을 각각 받은 것이다.

박종철 사건 관련자들의 재판은 박처원 전 치안감 등 상급자 3명 에 대한 유죄 선고로 마무리됐다. 이는 1987년 1월 14일의 사건 발생 이후 9년 만이다.

경찰 총수가 은폐 조작의 몸통인가

1988년 1월 강민창 전 치안본부장의 구속으로 박종철 사건 관련 자들에 대한 형사 처벌이 모두 끝났다. 법적 책임을 진 최고 상급자가 사건 당시의 경찰 총수였던 것이다.

하지만 박종철 사건에서 여전히 풀리지 않는 의문이 남아 있다. 사 건의 은폐와 축소, 수사 방향 등을 결정했던 것으로 알려진 관계기관 대책회의의 구성원과 당시 전두환 대통령의 책임 문제 등은 여전히 밝혀지지 않았다. 민·형사상의 법적 책임을 물을 수 있는 시효(時效) 는 지났다 하더라도 역사적 진실 규명에는 그 시한이 있을 수 없다.

국정원 감찰실의 자체 조사결과 보고서에 따르면 박종철 사건 직 후 서린호텔에서 관계기관대책회의가 열렸다고 나와 있다. 당시 관계기관대책회의에는 강민창 치안본부장과 청와대 공보비서관 등 10여 명이 참석했으며, 이 자리에서 '탁 치니 억 하고 쓰러졌다'는 내용의 발표문이 작성됐다는 것이다. 관계기관대책회의가 사건 초기부터 수사의 범위는 물론 구체적인 발표 내용까지도 결정했음을 알 수 있다.

1차 관계기관대책회의에서는 이 사건 수사를 경찰이 맡도록 결정했다. 검찰이 2월 27일 범인 축소 조작 사실을 파악하고서도 3개월 가까이 수사를 미룬 이유도 3월 7일 열린 관계기관대책회의 결정 때문이었던 것으로 드러났다. 이는 당시 박종철 사건에 대한 수사 및 대응이 단순히 경찰이나 검찰 차원에서 이루어진 게 아니라 정권 차원에서 진행됐다는 것을 의미한다.

강민창 전 치안본부장은 2012년 저자와의 인터뷰에서 "당시 경찰은 관계기관대책회의의 결정에 따라 사건을 처리했다. 그러나 회의에서 누가 어떤 말을 했는지 등은 밝힐 수 없다"며 "이미 고인이 된 분도 있는데 고위 공무원을 지낸 사람으로서 (비밀을) 무덤까지 가져가야 정도(正道)가 아니냐"고 말했다. 그는 "안기부 등에서 기다려 보라고 했다. 그러더니 결국 모든 것을 내게 포대기 씌운 것이다"라며 당시의 처리 결과에 불만을 토로했다. 이는 박종철 고문치사 사건 수사와 정부 대응 방안이 국가안전기획부가 주도하던 관계기관대책회의에서 결정됐다는 확실한 증언이다.

당시 안기부장 특별보좌관이었던 박철언 씨는 자신의 저서《바른 역사를 위한 증언》에서 장세동 안기부장, 이해구 1차장, 정호용 내무부 장관, 김성기 법무부 장관, 서동권 검찰총장, 이영창 치안본부장이 3월 7일 관계기관대책회의를 열고 사건의 진상을 덮고 적당하게 어물쩍 넘어가려 했다고 썼다.

이러한 자료와 증언들을 종합하면 관계기관대책회의가 박종철 사건의 은폐 및 축소를 주도했다는 것을 알 수 있다. 그렇다면 과연 그 사실을 전두환 대통령은 몰랐을까? 당시 국정운영의 세세한 내용까지도 대통령이 직접 지시해왔다는 점에서 그가 박종철 사건에 개입했을 수도 있다. 또 장세동 당시 안기부장이 상당한 권력과 결정권을 갖고 있었음을 감안하면 대통령에게 보고하기 전에 그가 알아서 사건 은폐·축소를 주도했을 가능성도 있다.

1987년 5월 22일 동아일보는 '관련 상사모임에서 범인 축소조작을 모의했다'는 내용을 1면 머리기사로 보도했다. 다음 날인 5월 23일자 동아일보와 중앙일보 1면에는 전두환 대통령이 사건의 진상을 철저히 규명하고 관련자를 법에 따라 조치하도록 지시했다는 기사가 실렸다. 이 기사 끝부분에는 정부 소식통의 말을 인용해 "전두환 대통령은 22일 부산 소년체전 참석 도중 이번 사건에 관한 보고를 받은 것으로 안다"는 대목이 있다.

이것이 사실이라면 전 대통령은 언론 보도 이전에는 범인 축소 조작에 치안본부 상급자들이 관련됐다는 사실을 보고받지 못했다는 말이 된다. 경찰의 범인 축소 조작은 언론 보도 이후 검찰이 재수사를 통해 밝혀낸 부분이므로 경찰 스스로 보고하기 전엔 대통령이 알 수 없었을 것이다. 따라서 대통령이 고문 경관이 더 있다는 사실을 언제 보고받았는지가 이 사건과 관련한 그의 책임 문제를 규명할 수 있는 열쇠다.

박철언 씨의 말대로 "진상을 덮고 적당하게 어물쩍 넘어가려던 관계 책임 인사들의 은폐 시도가 결국 좌절되었다"는 게 사실이었다면 장세동 안기부장은 3월 7일 열린 관계기관대책회의 내용을 대통령에게 보고하지 않았다. 경찰은 조직 보호를 위해 가급적 이를 숨기려 했을 것이고, 관계기관대책회의에서 이미 논의한 내용이라는 핑계로 청와대에는 보고하지 않았을 수도 있다.

전두환 대통령의 박종철 사건 개입 여부는 아직 확인되지 않았다. 그러나 사건 수사 등에 관계기관대책회의가 주도적인 역할을 한 것은 사실이다. 따라서 강민창 당시 치안본부장을 박종철 사건의 몸통이라 할 수 없다. 이 사건 은폐 조작을 주도한 것은 전두환 정권의 핵심들이었다고 봐야 하기 때문이다. 그럼에도 이들은 이 사건과 관련해 지금까지 어떤 처벌도 받지 않았다.

박종철, 그의 이름을 기억하며

"진실은 지하에 묻혀버리지 않는다. 진실은 지하에 묻히면 스스로

자라난다. 마침내 자라난 진실은 무서운 폭발력을 얻는다."

에밀 졸라가 1898년 1월 13일자 〈로로르〉지 1면에 '나는 고발한다'는 제목으로 기고한 글에 나오는 말이다. 당시 에밀 졸라는 드레퓌스를 구명하려다 징역형까지 선고받고 런던으로 망명을 떠났다.

경찰과 검찰, 전두환 정권은 박종철 사건의 진실을 초기부터 철저히 숨기고 축소하려 했다. 언론의 끈질긴 추적 보도를 통해 1년에 걸쳐 사건의 진실이 속속 세상에 모습을 드러냈다. 고문치사에 이어 범인 축소 조작 사실이 폭로되면서 무서운 폭발력을 얻어 6월 항쟁과 민주화로 이어졌다.

20대 청년 박종철의 죽음이 우리나라 민주화의 불씨가 된 지 30년이라는 시간이 흘렀다. 그 30년 동안 대통령 직선제 개헌, 최초의 문민정부, OECD 가입, IMF 외환위기 등 수많은 일들이 일어났다. 이제 민주화는 우리에게 갈망의 대상이 아닌 너무나 당연한 일상이 됐다. 그에 따라 '박종철'이란 이름조차 서서히 잊혀져가고 있다.

그렇다면 지금 우리는 청년 박종철이 꿈꾸던 세상에 살고 있는 것일까? 우리나라는 2차 세계대전 이후 독립한 국가들 가운데 유일하게 산업화와 민주화를 동시에 일궈냈다. 그러나 우리의 내부를 들여다보면 여전히 적잖은 과제를 안고 있다. 정치권은 대화와 타협보다 진영과 계파로 나뉘어 사사건건 충돌함으로써 국민의 신뢰를 잃은 지 오래다. 북한의 잇따른 핵과 미사일 개발은 우리의 평화롭고 안락한 삶을 위협하고 있다. 비록 소득 수준은 높아졌다 해도 오늘을 사는 젊은이들이 '수저 계급론'에 공감하고 우리 사회가 공정하지 못하다고 생각한다면 그것은 박종철이 꿈꾸던 세상은 아니다.

민주화 이후 언론 자유는 크게 신장됐으나 언론사들의 정파성은 오히려 심화됐다. 언론사마다 이념적 지향점이 다를 수는 있지만 지나친 정파성은 개선해야 할 과제다. 미디어 기술 발달에 따른 다매체 환경 속에서 언론사들의 자사 이기주의 행태 및 기자들의 취재윤리 부족도 문제다.

우리가 박종철이라는 이름을 기억해야 하는 것은 그의 죽음이 1987년 6월 민주화의 불씨를 지핀 출발선이기 때문만은 아니다. 박종철 사건과 6월 항쟁이 30주년이 되는 시점에서 우리는 현재의 모습을 과거의 거울에 비춰볼 필요가 있다. 지금 우리 사회는 6월 항쟁 당시 시민들이 원하던 모습이고, 박종철이 꿈꾸던 세상인가? 오늘의 우리 모습이 그들이 꿈꾸던 세상과는 거리가 있다면 박종철 사건은 30년 전 끝난 게 아니라 아직도 진행 중이라고 할 수 있다. 그것이 우리가 박종철을 기억해야 하는 이유다.

특종 1987
박종철과 한국 민주화

초판 1쇄 2017년 1월 10일
　　 3쇄 2018년 3월 1일

지은이　　　|　신성호

발행인　　　|　이상언
제작총괄　　|　이정아
디자인총괄　|　이선정
디자인　　　|　김미소

발행처　　　|　중앙일보플러스(주)
주소　　　　|　(04517) 서울시 중구 통일로 92 에이스타워 4층
등록　　　　|　2008년 1월 25일 제2014-000178호
판매　　　　|　1588-0950
제작　　　　|　(02) 6416-3925
홈페이지　　|　www.joongangbooks.co.kr
페이스북　　|　www.facebook.com/hellojbooks

ⓒ 신성호, 2016

ISBN 978-89-278-0832-9 03910

중앙북스는 중앙일보플러스(주)의 단행본 출판 브랜드입니다.